애프터디지털

Online Merges with Offline

오프라인 시장이 사라질 수 있는
미래를 과연 어떻게 대처할 것인가?

After Digital

AFTER DIGITAL by Yasufumi Fujii, Kazuhiro Obara
Copyright ⓒ 2019 by beBit, Inc. All rights reserved.
Originally published in Japan by Nikkei Business Publications, Inc.
Korean translation rights arranged with Nikkei Business Publications, Inc. through
Tuttle-Mori Agency, Inc., Tokyo and Imprima Korea Agency, Seoul.

이 책의 한국어판 출판권은 Tuttle-Mori Agency, Inc., Tokyo와 Imprima Korea Agency를 통해
Nikkei Business Publications, Inc.와의 독점 계약으로 위즈플래닛에 있습니다.
저작권법에 의해 한국 내에서 보호를 받는 저작물이므로 무단 전재와 무단 복제를 금합니다.

애프터 디지털

초판 1쇄 인쇄 | 2021년 4월 10일
초판 1쇄 발행 | 2021년 4월 15일

지은이 | 후지이 야스후미, 오바라 카즈히로
옮긴이 | 니시마끼 겐지, 한성희
펴낸이 | 김휘중
펴낸곳 | 위즈플래닛
주　　소 | 서울시 양천구 목동 923-14 현대드림타워 1307호
　　　　　경기도 고양시 일산서구 덕산로195 114-3(물류-신한전문서적)
전　화 | (직통) 070-8955-3716 / (주문) 031-919-9851
팩　스 | 031-919-9852
등　록 | 2012년 7월 23일 제2012-25호
정　가 | 14,000원
ISBN | 979-11-88508-17-4 13000
인스타그램 | www.instagram.com/wizplanet_book/
페이스북 | www.facebook.com/wizplanet

위즈플래닛에서는 참신한 원고를 언제나 기다리고 있습니다.
(원고 투고 및 문의 : leo45@hanmail.net)

※ 잘못된 책은 바꾸어 드립니다.

애프터디지털

Online Merges with Offline

**오프라인 시장이 사라질 수 있는
미래를 과연 어떻게 대처할 것인가?**

| 머리말 |

애프터 디지털 시대의 비즈니스 리더에게

이 책은 디지털 트랜스포메이션을 실시하려고 하면서도 '무엇을 해야 할지 모르겠다.'고 고민하시는 분들이 변혁의 무기로 활용할 것을 가정하여 집필하였고, 머리말은 저자 중 한 명인 후지이 야스후미(藤井保文)가 쓰셨습니다.

저는 비비트라는 회사에 소속되어 지난 2년 동안 다양한 일본 기업의 임원들에게 '차이나트립'이라는 이른바 중국 디지털 환경 시찰 연수를 실시해 왔습니다. 단순히 눈에 보이는 새로운 곳을 돌아다니거나 중국 기업 임원과 토론하는 것에 그치는 재래식 시찰이 아니라, 시찰의 절반 이상을 이론 공부와 논의로 구성하여 중국에서 벌어지는 새로운 비즈니스의 이면 구조나 깊숙한 곳에 존재하는 새로운 비즈니스의 경쟁 원리를 설명해 왔습니다.

이런 활동을 통해 느낀 점은 일본 비즈니스 맨은 '디지털이 완전히 침투한 세계를 상상도 못하고 있다.'는 점입니다. 그것은 비록 대기업이나 신생 기업의 경영자라고 해도 그렇습니다. 저는 이런 상황에 위기감을 느낍니다. 아직도 '미국 다음의 두 번째'라는 자신감에 안주하는 일본 상황에 대해서 무엇을 해야 할지 계속 생각해 왔습니다. 지금까지 웹에서의 발신이나 세미나에서의 강연 등을 실시해 왔는데 예상보다 좋은 반응이 있어서 보다 많은 분들에게 알려 드리고자 이번에 책으로 발간하여 체계적인 설명을 하게 되었습니다.

이 책에는 공저자가 있습니다. 'IT 비즈니스의 원리'와 '더·플랫폼 IT 기업은 왜 세계를 바꾸는가?'(이상 2개는 NHK출판), '어디서나 누구와도 일할 수 있다'(다이아몬드사)의 저자인 오하라 카즈히로(尾原和啓)씨입니다. 앞서 나온 차이나 트립에 참가하여 일본의 현실에 대해 뜨겁게 논의하면서 저와 가장 뜻이 맞는 분이기도 합니다. 저의 경험과 오하라씨의 막대한 글로벌 지식을 통합함으로써 전 세계에 본 디지털의 변혁과 함께 비즈니스에 있어서 필요한 관점과 전망을 제시할 수 있게 되었습니다.

오프라인은 사라진다

현재 많은 일본 기업들은 디지털 기술을 적극적으로 도입하고 있습니다만, 그 접근법은 '오프라인을 중심으로 온라인을 활용한다.' 정도가 아닐까요? 예를 들면, '온라인에서도 시중 매장과 같은 고객 접대를 한다.'거나 '무인 계산대를 일부 도입한다.'라는 것 등이 있습니다. 세계를 바라보면 미국의 일부 지역, 중국 도시, 에스토니아 등 대표적인 일부 북유럽 도시에서는 이미 **온라인과 오프라인의 주종 관계에서 역전**이 일어나고 있습니다. 여기에서의 주(主)는 사고 방식의 기본인 온라인이고, 종(從)은 신뢰 관계를 구축할 수 있는 고객과의 접점인 오프라인입니다.

모바일 페이가 확산되면 모든 구매 활동은 온라인 데이터로서 사용자 ID와 연결됩니다. IoT나 카메라를 비롯한 다양한 센서들을 현실 세계의 접점에 설치하면 사람들의 구매 활동뿐만 아니라 모든 행동이 온라인으로 데이터화 됩니다. 그렇게 되면 오프라인은 사라지기 마련입니다.

밸류 체인(Value Chain)에서 밸류 저니(Value Journey)로

이렇게 되면 고객 접점 데이터가 방대한 양이 되어 기업간의 경쟁 원리는 고객 접점 데이터를 사용하여 어떻게 좋은 경험을 만들고, 이용자의 접점간 이동을 촉진해서 자사 서비스의 선호도를 높이는지에 활용됩니다. 그래서 '접점 빈도를 높이고 행동 데이터를 활용하지 않으면 경쟁사에 진다.'는 구조로 되어 있습니다. 아무런 데이터도 수집되지 않는 상품을 만들어서 판매하는 것만으로는 새로운 고객 행동 변화를 파악할 수 없고, 경쟁력을 창출할 수도 없습니다.

'고객 접점 데이터를 많이 가지고, 그것을 경험 품질에 살린다.'라는 새로운 개선 루프(Loop)를 얼마나 빨리 돌릴 수 있을까? 이것이 바로 새로운 경쟁 원리입니다. 경쟁 원리가 바뀌면 당연히 산업 구조는 달라집니다. 지금까지는 제조사가 밸류 체인에서 갑(甲)이고, 고객 접점 쪽은 낮은 위치에 있었습니다. 하지만 앞으로는 고객 접점을 많이 가지고 있는 플랫폼이 갑이 되고, 단순히 물건을 제조하기만 하는 업체는 접점 중 하나인 상품을 제공하는 하도급 업체가 되어 버립니다. 이런 새로운 구조 변화를 저희는 '밸류 체인에서 밸류 저니로'라는 말로 표현합니다. 이러한 구조 변화는 과거 30년간의 기업 주식 시가 총액에 대한 변화를 봐도 분명합니다.

사회 시스템이 업데이트 된다

모바일이나 센서가 편재되어 있으면 현실 세계에서 오프라인이 없어지고 오프라인이 디지털 세계에 포함되는 형태로 바뀌게 됩니다. 그러한 세계를 저희는 '애프터 디지털'이라고 부릅니다. 그에 대해 '오프라인 세계가 중심이며, 거기에 부가 가치적으로 디지털 영역이 펼쳐져 있다.'는 많은 일본인의 사고 방식은 '비포 디지털'이라고 부를 수 있는 것입니다.

애프터 디지털의 세계관은 마치 '디지털 세상에 살고 있다.'라고 할 수 있는 것으로 일본에서는 그렇게 인식되어 있지 않으면서 아직 도래하지 않았으니 어찌 보면 당연합니다. 현재 일본에서는 디지털 사례를 개별적인 활동으로 보려고 하는데, 디지털이 침투하면 사회 시스템 자체가 업데이트 되어 점이 아닌 선과 면으로 이어집니다. 디지털 선진국과 지역을 관찰하면 이미 그것은 증명이 되었다고 할 수 있습니다.

일본이 세계를 따라잡고 추월해 나가려면 **'데이터 × 체험의 단면으로 생각하면서 새로운 시야를 넓히는 것이 중요하다.'**라는 생각을 가지고 있으며, 그것을 구체화하는 것이 이 책의 목표라고 할 수 있습니다.

| 이 책의 구성 |

 이 책은 일본의 비즈니스 맨에게 경종을 울릴 뿐만 아니라, 세계 흐름에서 본 디지털 트랜스포메이션의 방법론을 제시합니다. 그 방법론을 쉽게 이해하기 위해서 중국을 비롯한 각 국의 구체적인 사례를 소개합니다. 또한, 이 책은 독자가 앞으로 길을 잃고 헤매고 있을 때 되돌아갈 수 있게 하는 역할 외에 상사를 설득할 때 참고 자료로 사용되기도 하며, 팀원들과 같은 비전을 보는데도 도움이 될 것입니다.

 이 책은 4장으로 구성되어 있습니다.

 제1장은 선진적인 환경을 사례로 설명하는 장입니다. 세계에서 실제로 일어나고 있는 일을 통해 일본의 후퇴를 사실로 파악하면서 사회 시스템의 변화를 중심으로 깊이 소개해 드리겠습니다. 제가 살고 있는 중국 도시 이야기가 주가 되지만 일본 미디어가 알려주는 표면적인 이야기가 아니라 현지 기업을 방문하여 논의하는 중에 얻은 정보를 애프터 디지털이라는 사회 시스템의 업데이트 문제로 알려 드립니다.

 제2장은 반드시 배워야 하는 관점을 뽑아내는 장입니다. 책 제목에서 제시한 내용을 자세하게 설명하는 가장 중요한 장이라고 할 수 있습니다. 전환점에 있는 지금 애프터 디지털이라는 세계관을 이해하고, 그 비즈니스에 있어 적용된 사고방식으로서 OMO(Online Merges with Offline)라는 개념을 소개합니다. 또한, OMO를 추진하는 선진 기업의 관점을 설명하면서 '일본적인 사고 방식에서 어떤 부분이 어긋나기 쉬운가?'를 밝혀 냅니다.

제3장은 기존 개념과 토픽을 새로운 관점에서 다시 한번 파악하는 장입니다. 애프터 디지털이라는 세계관으로 보면 지금까지 당연하다고 생각한 개념이나 방법은 새로운 해석을 하게 됩니다. 개념에 대한 이해를 촉진하는 목적으로 사고의 훈련처럼 다양한 주제를 살펴봅니다.

제4장은 일본 기업의 변혁(変革) 방법을 생각하는 장입니다. 제1장부터 제3장까지 소개한 선진 사례는 그대로 일본 기업에 적용할 수가 없습니다. 나라가 다르면 회사 문화도 다릅니다. 그래서 저희 경험을 바탕으로 일본 기업에 적합한 디지털 트랜스포메이션의 진행 방법을 설명합니다. 필요한 구성 요소를 제시하고, 경영진과 실무진이 각각 실행 가능한 것을 제안합니다.

전반을 통하여 일본 상황에 대해 경종을 울릴뿐만 아니라 어디에 입각하여 어떠한 시각을 가져야 하는지 등의 생각을 펼치려 합니다. 이러한 사고 방식은 일본 경영자나 지식인의 의견 청취뿐만 아니라 중국에서 잘 나가는 많은 비즈니스 리더와 '이면에서 무슨 일이 일어나고 있는가?', '그때는 어떻게 생각하고 있었는가?', '새로운 시대를 어떻게 파악해야 하는가?' 등의 논의를 거쳐 형성되었습니다. 특히, 알리바바의 UX대학 전 학장인 조슈아(Joshua)씨, 첨단 R&D 기관인 달마원(Natural Human Computer Interaction) 책임자 폴(Paul)씨, 알리페이에서 2017년까지 대표를 하신 리앙(Liang)씨, 텐센트에서 UX를 담당하는 CDC의 총 경리 엔야(Enya)씨로부터 큰 도움을 받았습니다. 저희만으로는 상상도 못했던 사고 방식을 같이 만들어 주신 일에 대해 감사드리는 것과 동시에 그들이 공통적으로 생각하는 '일본에게서도 많은 것을 배우자.'라는 자세에 큰 존경을 느낍니다.

　세상을 이끌고 바꿔가는 의지를 가지며 새로운 시대의 비즈니스를 구상하고 진행하려는 모든 분들께 활동과 사고 방식의 입각점을 다지기 위한 기반으로 해당 도서가 도움이 되었으면 좋겠습니다. 단순히 이 책을 읽기만 하고 끝내는 것이 아니라 무기로 사용해 주시는 분들에게는 계속해서 정보 발신이나 지식 제공, 토론 장소를 마련하면서 경험 디자인이라는 형태로 최선을 다해 지원해 드리려고 합니다. 배우기와 흉내 내기를 잘하는 일본이 다시 세계를 견인하고 앞장서는 날이 하루 빨리 도래하기를 간절히 바라고 있습니다.

저자를 대표하여

후지이 야스후미

CONTENTS

| 머리말 | ・4

| 이 책의 구성 | ・8

제1장 · 모르면 살아남을 수 없다, 디지털화하는 세계의 본질

1-1 세계의 상황, 일본의 상황 ・14

1-2 모바일 결제에서는 모든 구매를 ID로 데이터화 한다 ・19

1-3 공유 자전거는 생활 거점과 이동을 데이터화 한다 ・21

1-4 행동 데이터로 잇는, 새로운 신용 평가 사회 ・23

1-5 디지털 중국의 본질 데이터가 시민 행동을 바꾸고 사회를 바꾼다 ・28

1-6 대기업과 기존 기업의 좋은 변혁 사례 '핑안 보험 그룹' ・34

1-7 경험과 행동 데이터의 루프를 순환하는 시대로 ・42

제2장 · 애프터 디지털 시대의 OMO형 비즈니스(필요한 관점 전환)

2-1 비포 디지털과 애프터 디지털 ・46

2-2 리얼과 디지털을 가르는 시대의 종언 ・54

2-3 EC는 이윽고 사라진다 ・67

2-4 잇달아 뒤집히는 기존 업태 ・75

2-5 일본 기업에서 흔한 사고 방식의 나쁜 사례 ・82

2-6 기업끼리 연결되기는 당연하다, OMO가 이르는 곳의 모습 ・95

제3장・애프터 디지털 사례에 의한 생각 훈련

3-1 GDPR vs 중국 데이터 공산주의 – 데이터 취급을 둘러싼 논란 ・108

3-2 희귀한 접점에 가치가 있는 시대 ・115

3-3 기술 진화에 의한 '대접 2.0' ・123

3-4 고속화 및 세분화 하는 앞으로의 제조 ・129

3-5 신기하고 특이한 일본의 강점 ・134

제4장・애프터 디지털을 겨냥한 일본식 비즈니스 변혁

4-1 다음 시대의 경쟁 원리와 산업 구조 ・142

4-2 기업에 요구되는 변혁 ・155

4-3 일본 기업이 달라지려면 ・169

4-4 이어지는 세계에서 일본인의 잠재력 ・185

| 꼬리말 | ・187

| 마지막으로 | ・192

제 **1** 장

모르면 살아남을 수 없다, 디지털화하는 세계의 본질

1-1
세계의 상황, 일본의 상황

2025년까지 일본 기업의 디지털 트랜스포메이션(DX)이 진행되지 않으면 대략 120조 원에 달하는 경제 손실이 생긴다. – 이는 2018년 일본 경제 산업성이 발표한 DX리포트 내용이면서 2025년 당면 문제로 일본 기업에 경종을 울리고 있습니다.

최근 몇 년간 온갖 기업에서 디지털 트랜스포메이션의 중요성이 커지고 있습니다. IT 기술 발전에 따른 비즈니스의 구조 변화는 여러 분야에서 일어나고 있는데, 특히 증기 기관차, 전력 에너지, 컴퓨터에 이은 '데이터 산업 혁명'이라는 큰 영향력에서 '제4차 산업 혁명'이라고도 불립니다. 경영학자이자 마케팅의 대가인 필립 코틀러(Philip Kotler)는 '디지털화냐? 아니면 죽음이냐?'라는 명언을 남겼습니다. 그만큼 지금 일어나고 있는 시장의 환경 변화는 격렬한데, 이러한 변화를 극복하기 위해서는 디지털 트랜스포메이션이 필수적이라는 것입니다. 그러나 문제는 디지털 트랜스포메이션이 도대체 무엇인지, 그렇게 하기 위해서는 구체적으로 무엇을 하면 좋을지 등 전문적인 사항을 다양하게 알고 있는 사람이 드물다는 것입니다. 다행히 일본의 경우 아직 디지털 트랜스포메이션의 본격적인 변화는 오지 않았지만, 세계적으로 디지털이 일으킨 진화는 아주 강하고 빠르기 때문에 모두가 하루 빨리 세계로부터 배워야 한다고 생각합니다. 그럼 몇 나라에서의 사례를 소개하도록 하겠습니다.

전자 국민화가 추진된 에스토니아, 마이크로칩 결제 스웨덴

에스토니아는 세계에서 정부의 전자화가 가장 많이 진행된 나라입니다. 외국인에게도 전자 거주권인 'e-Residency'를 발급하여 손쉽게 전자 국민이 될 수 있습니다. 전자 거주권은 일본의 호적과는 다른 것이지만 에스토니아에서는 행정의 대부분이 디지털화되어 있어서 전자 거주권을 취득하는 것으로 에스토니아 국내에서의 창업 절차가 간단히 진행되기도 하고, 영구적으로 사용할 수 있는 비자가 발행되기도 합니다.

한 일본인 비즈니스 맨이 에스토니아를 시찰 차 방문했는데, 바루토 카이토라는 에스토니아 출신 스모 선수의 개인정보를 온라인상에서 데이터로 볼 수 있었다고 합니다. 그 내용은 다방면에 걸쳐져 있으며 소유한 부동산 등의 자산, 모든 납세액이나 토지 등기, 등록된 면허증 등의 개인정보가 공개되어 있었는데, 바루토 선수 측에서는 일본에서 온 사람이 자신의 데이터를 열람한 이력을 확인할 수 있는 구조로 되어 있었다고 합니다. 이와 같이 국민들의 데이터를 오픈하고 있는데, 예를 들어 강도 사건이 일어나면 그 시점에서 보유한 현금이 갑자기 증가한 사람을 바로 차출하여 조사할 수 있기 때문에 범죄를 억제하는 효과가 있다는 것입니다. 기본적으로 모든 개인정보를 공개하고 있지만 예외가 있습니다. 생명과 결혼에 관련된 라이프 이벤트는 온라인만으로는 마무리가 안 되기 때문에 증명서 발급을 위해 관공서를 방문해야 합니다.

다음은 스웨덴입니다. 일본에서는 점차 화제가 되어온 무현금(Cash Less)화 입니다만, 스웨덴에서는 이제 무현금 결제는 기본이고 QR 코드조차 과거 유물이 되어가고 있습니다. 지금은 사람 체내에 주사기로 심은 아주 작은 마이크로 칩으로 디지털 결제를 한다고 합니다. 지하철을 탈 때 개표 게이트에서 칩을 넣은 손등을 '삐빅' 찍고 통과를 해서 전철을 이용합니다. 마이크로 칩에는 이동 데이터는 물론 그 사람의 개인정보까지 들어 있습니다. 식당이나 상점에서도 손등을 찍으면 모두 결제되는 SF와 같은 세계가 일상이 되어가고 있습니다.

이웃 나라 중국에서는 인터넷 인구가 8억명을 넘고 있는데 그 중 97%가 스마트 폰을 보유하고, 도시에서는 스마트 폰 보유자의 98%가 모바일 결제를 한다는 조사 결과가 있습니다. 그 정도로 무현금화가 진행되었습니다. 실제로 중국 도시에 거주하는 저도 현금이나 지갑을 가지고 다니지 않는 생활이 일상입니다. 단순히 무현금화만 된 것이 아닙니다. 택시 호출이나 식사와 의약품 배달 등의 활동을 주문부터 결제까지 모두 앱에서 완결하는 시스템이 사회 기반으로 자리 잡았습니다.

한편 일본은 이 책을 쓰는 2018년 말 시점에 여러 결제 서비스가 난립하면서 무현금 결제가 좀처럼 보급되지 않는 상황입니다. 한국과 미국에서는 40% 이상의 결제가 무현금 결제인데, 일본에서는 20% 정도에 불과하고 아직까지 현금 결제가 대세입니다. 그 이유는 회사마다 서비스나 단말기, 결제 방법이 제각각이며, 구매자와 판매자 모두가 대응하기 어려운 상황이 벌어져 있고, 편의성이나 인센티브 등이 불분명하다는 지적도 있습니다.

어떻게 보면 일본적인 문화인 것 같은데 개별적인 서비스가 점으로 끝나고, 선으로서의 연결이 약하기 때문에 사용 편의성이 향상되지 않는 것이 원인이라고 생각합니다. 물론 '결제는 모두 교통카드(Suica)로 한다.'는 분도 있겠지만, 다른 나라와 비교했을 때 보급 규모는 비교가 되지 않습니다.

압도적 진화를 이루는 중국 IT 시장

최근 중국은 디지털 선진국으로 주목을 받고 있습니다. 약 14억명의 국민으로부터 생기는 빅 데이터와 뛰어난 IT 인재, 정부의 강력한 지원에 따라 새로운 사회 인프라 서비스를 빠른 속도로 창출하고 있습니다. 중국에서 탄생한 기술이나 사업 모델이 향후 세계 IT의 혁신 모델이 되어 가는 것을 보고, 최근에는 중국 시찰에 나서는 일본계 기업이 해마다 증가하고 있습니다. 저 자신도 중국에서 비즈니스를 하고 있기 때문에 일본계 기업을 대상으로 중국 시찰이나 연수를 실시하고 있습니다만, 이러한 '제4차 산업 혁명'이라고도 불리는 디지털 트랜스포메이션을 본질적으로 이해하려면 단 한 번의 시찰 여행으로는 상당히 부족하다고 생각합니다. 예를 들어 시찰에 참가하신 분의 코멘트로 '중국은 중앙 주권 공산당 사회이고, 노동 임금이 저렴하니까 할 수 있는 것이다.'라는 지적이 나옵니다. 이에 대해 감히 언급하자면 이런 코멘트가 시찰 후의 결론이라고 한다면 이러한 시찰은 실패라고 생각합니다.

확실히 중국의 IT 기술 약진에는 정치적인 배경이 도와주고 있다고 생각합니다만, 중국과 비슷한 디지털 트랜스포메이션은 미국, 스웨덴, 에스토니아,

인도에서도 일어나고 있고 일본도 조만간 이러한 흐름에 휘말려 갈 것으로 보입니다.

이런 세계 변화에서 가장 중요한 것은 '오프라인이 사라지는 세상의 도래'입니다. 지금까지는 데이터로 취득할 수 없었던 소비자의 모든 행동이 온라인 데이터가 되어 개인 ID와 결합됩니다. 예를 들면, 제가 편의점에서 맥주를 산다는 가정 하에 예전이면 기업은 어느 가게에서 어느 품목이 몇 개 팔렸는지까지는 파악할 수 있어도 구매자 연령대나 성별, 맥주 이름까지는 알 수 없었습니다. 무현금화가 진행되면 구매자 정보와 구매 이력이 연결되기 때문에 내가 어떤 맥주를 좋아하는지, 어떤 매장을 자주 이용하는지, 어떻게 결제하는지까지 가시(可視)화 되는 시대가 온다는 것입니다.

지하철이나 택시를 탈 때 모바일 결제를 사용하면 누가 어디에서부터 어디까지 이동했다는 이력이 데이터로 쌓입니다. 또한, 상시 온라인에 접속하고 있거나 IoT 센서가 시중에 설치되어 있으면 방대한 행동 데이터가 생성됩니다. '계속해서 데이터가 생성된다.'라는 상황이 가장 중요한 포인트이며, 이러한 데이터를 바탕으로 서비스가 창출된다고 생각하지 말고, 사회 기반 자체가 다시 구축되어 비즈니스 모델과 규칙이 근본적으로 바뀌어 간다고 봐야 합니다. 즉, **디지털에 의한 사회 시스템의 업데이트**가 일어납니다. 그것은 **단독 사례의 선진성만 보고 있다면 알 수 없는 일입니다.**

그러한 시대에 대비해 기업이나 비즈니스 리더가 해야 할 일은 무엇일까요? 그것을 찾아내기 위해 우선 디지털에 의한 사회 시스템의 업데이트 사례로서 디지털 선진국인 중국의 현실을 알아보도록 하겠습니다.

1-2
모바일 결제에서는 모든 구매를 ID로 데이터화 한다

중국 사회를 크게 바꾼 것 중의 한가지는 모바일 결제입니다. 주로 알리바바 그룹의 알리 페이(Alipay)와 텐센트의 위챗 페이(Wechat Pay)가 이용됩니다. 알리 페이는 타오바오를 비롯한 EC(전자 상거래, Electronic Commerce) 사이트를 중심으로 2004년부터 이용된 에스크로-서비스(상거래 시 신뢰성 있는 제3자 중개 방식으로 거래 안전을 담보하는 제3자 예탁)를 시작점으로 하고, 중국 모바일 결제 업계에서 약 54%의 점유율(2017년 제1분기, 언트 파이낸셜 발표)을 차지하는 세계 최대의 제3자 결제 서비스입니다.

반면 위챗 페이는 위챗이라는 커뮤니케이션 앱 속에 있는 결제 기능입니다. 위챗의 월간 액티브 이용자 수(이용자 연인원)는 2018년 3월 시점에서 약 10억 명에 달하고, 위챗 페이는 소매점뿐만 아니라 특히 개인간 송금을 중심으로 이용됩니다. 현재 중국에서는 쇼핑에서부터 택시와 지하철 교통비, 자판기, 더치페이 등의 개인간 송금까지 이 두 가지 앱으로 모두 해결이 됩니다.

무현금화가 얼마나 보급되어 있는지, 중국에 거주하는 제 경험을 공유해 드리겠습니다. 전에 교통카드를 충전하려고 지하철 역에 현금을 가지고 갔는데, 현금 사용이 가능한 발매기가 없어서 난감했습니다. 또한, 카페에서 현금으로 계산하려고 했더니 거스름 돈이 없으니 기다려 달라고 하면서 옆 가게에서 잔돈을 빌려왔습니다. 그리고 어느 옷 가게에서는 카드만 받아서 곤란했던 적이 있었습니다. 그만큼 중국에서는 현금을 거의 안 쓰고 있습니다. 무현금 결제 보급률은 도시뿐만 아니라 중국 전역에 퍼져 있으며, 얼마 전 티베트에 다녀오신 분은 '티베트에서도 모바일 결제가 쓰인다.'라고 알려 주셨습니다. 뉴스가 되기도 했지만 심지어 노숙자들도 QR 코드를 내걸고 구걸하고 있는 상태입니다.

저희 회사에서는 커피를 좋아하는 직원이 에스프레소 커피 머신을 구입해 설치했습니다. 그리고 커피를 마시고 싶은 사람은 분량에 따라서 3위안~5위안을 전자 송금으로 결제하는 시스템으로 되어 있습니다. 처음에는 동전을 넣는 상자가 있어서 거기에 현금을 넣고 있었는데, 어느 때부터인가 알리페이 바코드를 인쇄하여 벽에 붙여놓고, 그것을 이용해 결제하게 되었습니다.

그러던 어느 날 알리바바의 공식 QR 코드가 붙어 있어서 무슨 일이냐고 물어보니, 커피 값 명목으로 하루에 몇번이나 송금을 받자 알리바바 측이 '이 사람은 커피 머신으로 작은 사업을 하는 사람'이라고 판단하고 알리바바 로고가 들어간 QR 코드를 집으로 보내왔다고 합니다. 그만큼 중국에서는 무현금 결제가 일반적이고 어디에서나 사용할 수 있는 환경을 갖추고 있습니다. '**엄청나게 침투되고 있다는 것**'보다는 이를 통해 '**모든 소비자의 구매 행동 데이터를 얻을 수 있게 되었다.**'**는 점이 중요**합니다. 애프터 디지털이라는 세계를 이해할 때 이러한 구매 데이터는 '이 사람이 무엇을 어디에서 사는가?'라는 접점 정보가 되고, 회사 커피 머신의 사례에서는 '이 사람은 작은 비즈니스를 하는 사람이다.'라는 것까지 가시화됩니다. 다만, 이러한 '**리얼(현장) 구매 데이터도 디지털화된다.**'라는 것은 애프터 디지털을 이해하는 데 있어서는 빙산의 일각에 불과합니다.

1-3
공유 자전거는 생활 거점과 이동을 데이터화 한다

2016~2018년에 핫 이슈였던 중국의 공유 자전거는 실제 이동 데이터의 온라인화로 볼 수 있습니다. 공유 자전거를 이용한 적이 없는 분들께 우선 간단하게 사용법을 설명해 드리겠습니다. 이용자는 먼저 공유 자전거 서비스 앱을 스마트 폰에 내려받고, 100위안에서 200위안 정도(대략 17,000원에서 3,4000원)의 보증금을 맡기고 회원 등록을 마칩니다. 회원 등록한 회사의 자전거 핸들과 안장 밑에 붙어있는 전용 QR 코드를 스마트 폰 카메라로 찍으면 자전거 잠금이 자동으로 해제됩니다.

이용 요금은 시간제이며 중국에서는 1회 30분 이용으로 1위안(대략 170원) 정도로 매우 저렴합니다. 앱 화면에서는 시내 어느 거리의 어디에 빈 자전거가 있는지 확인할 수 있고, 다른 사람보다 먼저 사용할 수 있도록 미리 예약할 수도 있습니다. 무엇보다 편한 점은 정류장이라고 불리는 반납 장소가 정해진 곳이 아니라 일반 길가에 세워 두면 반납이 된다는 점입니다(One Way Rental). 목적지에 도착하면 자유롭게 세워 두고 갈 수 있는 시스템이기 때문에 상당히 편리합니다. 저도 최근에는 공유 자전거가 주된 통근 수단이 되고 있습니다.

공유 자전거는 2017년 후반쯤부터 운영 업체가 난립하면서 한때는 수십 개로 불어난 적도 있었습니다. 2018년 초반에는 오포(Ofo)와 모바이크(Mobike)가 주된 운용사가 되면서 다른 플레이어는 추후 사라진다는 전망이 있었습니다.

이 두 회사가 살아남은 가장 큰 이유는 항상 서비스를 개선하면서 사람들의 이용 촉진을 위해 많은 노력을 했다는 점입니다. 망해 버린 수많은 공유 자전거 서비스는 자전거와 해당 앱을 출시한 후 그냥 되는대로 방치하는 경우가 대부분이었습니다. 한편 오포와 모바이크는 양쪽 모두가 앱 사용자의 접속 장치뿐만 아니라, 재배치 구조와 자전거 자체의 승차감 등을 단기간에 개선했습니다. 회원이 이용하면 이용료가 들어옵니다. 그것을 이용해 서비스 개선, 신형 자전거 대수 늘리기 캠페인을 벌이기도 했습니다.

이 책을 집필하고 있는 2018년 말의 상황은 더욱 급변하고 있는데, 상하이에서는 모바이크와 함께 알리바바가 새롭게 시작한 헬로바이크라는 두 회사가 가장 강력하고, 오포를 포함한 기존 플레이어의 세력이 서서히 꺾이고 있습니다. 최근에는 망한 회사가 자전거를 철거하지 않거나 보증금을 반환하지 않는 등 여러 가지 사회 문제도 화제가 되었습니다. 공유 자전거 서비스는 매출 수지를 안정시키기 어려우며, 위와 같은 사회 문제도 일으키고 있지만 아예 없어지는 것은 아니라고 생각합니다. 사용자 입장에서는 없으면 안 되는 이동 인프라가 된 것도 사실이지만, '**지금까지 온라인화되지 않았던 이동 데이터를 활용 가능하게 된다.**'는 점이 가장 큰 이유입니다.

이동 데이터는 크게 두 가지 사업에 활용할 수 있습니다. 하나는 지자체가 교통 데이터로 활용하는 것입니다. 특히, 알리바바는 스마트 시티에도 주력하고 있으며 헬로바이크를 그러한 도시에 투입함으로써 교통량의 가시(可視)화나 컨트롤이 가능하게 됩니다. 또 하나는 마케팅의 활용입니다. 예를 들어, 저는 월요일부터 금요일까지 매일 아침 8시에 집에서 회사까지 모바이크를 이용하고, 제 친구는 토요일과 일요일에 모바이크를 이용하여 자주 사이클링을 합니다.

저의 데이터는 레스토랑이나 쇼핑몰 추천 최적화에 활용이 가능(출퇴근 지역 근처에 있는 가게를 추천하는 등)하고, 친구 데이터는 운동 습관, 즉 라이프 스타일을 확인할 수 있습니다. 실제로 모바이크는 '미단'이라는 회사에 인수되었는데, 이 회사는 일본의 맛집 평가 앱과 같은 서비스나 음식 배달 서비스를 제공하고 있습니다. 모바이크 자체보다는 모바이크에서 모은 데이터를 활용하기 위한 매수라고 볼 수도 있습니다.

1-4
행동 데이터로 잇는, 새로운 신용 평가 사회

모바일 결제 기기의 침투, 그리고 공유 자전거 등 디지털 기술과 엮인 새로운 서비스 보급으로 보다 많은 행동 데이터가 모이면 새로운 사업을 할 수 있게 됩니다. 바로, 신용 경제 및 평가 경제에 대한 활용입니다. 최근 일본에서도 야후, NTT 도코모, LINE이 자사의 보유 빅 데이터를 기반으로 독자적인 서비스를 개발하고 있습니다만, 중국은 이미 앞서가고 있고 중국 사회 시스템에 변화를 주고 있습니다.

유명한 사례로 알리페이를 제공하는 알리바바 산하 금융 회사인 '언트 파이낸셜'이 2015년에 시작한 지마신용(芝麻信用)이 있습니다. 지마신용은 단품 서비스가 아니라 알리페이의 기능 중 하나입니다. 알리페이는 이미 널리 사용되고 있으며, 명품 브랜드 매장부터 상가의 개인 상점, 포장 마차, 택시, 영화관, 수도 요금, 전기 요금, 휴대폰 요금, 심지어 세금까지 모두 앱에서 결제할 수 있는 상태이며, 그러한 결제 데이터를 수집할 수 있습니다.

또한, 알리바바는 원래가 EC이기 때문에 오프라인뿐만 아니라 온라인 구매 데이터도 가장 많이 소유하고 있습니다. 앤트 파이낸셜은 이러한 데이터를 활용하여 구체적으로는 알리페이의 이용 이력을 중심으로 제휴 서비스 이용 상황이나 알리페이상의 친구도 포함하여 방대한 데이터를 수집하고, 이들을 AI로 데이터 분석하여 이용자의 신용 점수를 산출합니다.

'지마 크레디트'라고 불리는 이 점수는 기본적으로 지불 능력을 눈에 보이게 하는 것으로 평가 축은 개인 특성, 지불 능력, 상환 이력, 인맥, 소행이고, 점수 폭은 350점~950점입니다. 높은 평가의 정확도로 사용자로부터 신뢰를 얻었습니다. 지마 크레디트 기능 이용자는 알리페이 공식 사이트에 따르면 5억 2,000만명에 이른다고 합니다. 지마 크레디트는 출신 대학이나 직업을 스스로 등록하는 것으로 점수를 올릴 수도 있기 때문에 사회적인 신용도를 나타낼 수 있습니다. 왜 많은 사용자들이 스스로 정보를 제공하면서까지 점수 올리기에 에너지를 쓰냐면 점수에 따라 알리바바 그룹이나 그 제휴 기업, 단체가 제공하는 서비스에 대해 다양한 혜택을 받을 수 있기 때문입니다. 예를 들어 임대 보증금이나 호텔, 렌트카 서비스, 해외 여행용 Wi-Fi 렌탈 보증금 면제, 시중에서 우산이나 충전기를 무료로 빌려쓰기 등의 혜택이 제공됩니다.

추가로 해외 도항 비자 취득 절차가 짧아진다, 부동산을 임대하기가 쉬워진다, 개인이 융자를 받기가 쉬워진다, 결혼 상대를 찾을 때 인기가 많다…… 등 신용 점수 보급과 더불어 다양한 혜택이 파급되어 있다고 알려져 있습니다. 2018년 10월에는 650점을 넘는 사람을 대상으로 알리페이 상에서 상호(相互) 보험이 출시되자, 일정 수준 이상의 신용도가 있는 사람만 대상으로 진행한다는 안도감과 원클릭 가입이라는 편리함으로 2주간에 2,000만명의 가입자가 모였습니다.

디스토피아냐 유토피아냐

일본에서 지마 크레디트가 뉴스에 나온 적이 있었는데, 그 보도는 부정적인 측면을 너무 강조한 것으로 보였습니다. 늘 보도가 되는 내용으로 신용 점수가 너무 낮아져서 고속철 티켓을 못 사게 되었다든가 하는 디스토피아적인 관리 사회로 이어진다는 비관적인 내용이었습니다. 저는 실제로 중국에 살고 있지만, 불편하고 답답한 실감은 전혀 없습니다. 오히려 신용 점수 서비스는 '데이터를 제공하면 점수가 올라가서 혜택이 생기는 게임'이라는 인식입니다.

그런 배경에는 이유가 있습니다. 중국에는 지금까지 제대로 된 여신 관리가 없어 많은 사람들이 신용 정보를 가지지 않은 상태에 있었기 때문에 개인 대출 등을 제대로 할 수 없는 상황이었습니다. 게다가 도시 호적을 가진 사람과 농촌 호적을 가진 사람은 태어나면서부터 주어진 권리가 다릅니다. 농촌 호적을 가진 사람이 도시에 거주하려면 사회 보장과 생활 보장 제도가 없어서 의료 보험과 연금을 제대로 받을 수 없고, 집을 임대할 때에도 여러 가지 제약 사항이 있었습니다(현재 중국 정부는 2020년까지 이러한 격차를 없애겠다고 발표하고 실현 방안을 논의하는 중입니다).

그런 이유 때문에 돈을 벌러 상하이로 온 농촌 사람들은 집 구하기나 일자리 구하기가 어려워서 생활이 힘들었습니다. 하지만 이제는 농촌 출신이라도 열심히 노력해서 지마 크레디트의 높은 점수를 획득할 수 있다면 점수를 담보로 신용도 생기고, 좀 더 나은 삶을 살 수 있는 것입니다. 지마 크레디트와 같은 여신 시스템이 도입되면서 개인이 노력하면 원래 있던 사회 계급을 넘어 좋은 처우를 받을 수 있는 구조로 바뀌고 있다고 볼 수 있습니다.

실제로 사용자들 중에는 게임 감각으로 지마 크레디트의 점수를 올리고, 개인 신용도를 증명하기 위해 SNS에 자신의 점수를 공개하는 사람도 있습니다. 최근에는 일본의 멜카리와 같은 C to C 서비스에 물건을 내놓는 사람이 스스로 신용 점수를 올리기도 하여 앱의 검색 창에서 '지마 신용 점수 600점 이상의 사람에게서 산다.'라는 문장을 추출하기가 가능해졌습니다. 실제로 사용자 조사를 보면 '나는 지마 신용이 700점 이상인 사람에게서만 산다.'는 사람도 드물지 않습니다.

기업측의 위험도와 인건비를 낮출 수 있는 신용 점수

기업은 지마 크레디트와 같은 신용 점수를 여신 심사의 일환으로 활용할 수 있습니다. 기업은 이용료를 내고 유저의 신용 점수를 참조해 취업 면접이나 물건 대여 자격 심사, 결혼 상대 매칭 지표 등에 활용하고 있습니다. 기업은 신용 점수를 활용하는 것으로 거래 과정에서 문제를 일으킬 만한 사람을 미리 피하고, 거래 비용과 여신 확인에 따른 체크와 인건비를 줄일 수 있는 것입니다. 애당초, 고객 신용도를 확인하기 위해서 여러 가지 서류를 확인하는 업무는 기업에 있어서는 불필요한 비용이었습니다. 여러 각도에서 데이터를 모아서 신뢰할 수 있는 점수 매기기가 가능해져 불필요한 절차를 줄이고 사용자와 기업에 이득이 되었습니다.

이것은 제 주관입니다만, **신용 점수가 침투한 이후에 중국인의 매너가 많이 향상**된 느낌입니다. 이전에는 지하철에서 사람이 내리기 전에 타거나 순서를 지키지 않는 것이 일상이었습니다. 중국은 기본적인 사고 방식이 성악(性惡)설이라 사람을 믿지 않고, 손해를 보면 진 것이라고 생각합니다. 일본에서는 '하늘이 보고 있다.'라는 사고 방식(어떻게 보면 그것도 사회 감시입니다만)이 있는 덕분에 '다른 사람에게는 폐를 끼치지 않는다.', '예의 바르고 친절한 태도를 취한다.'는 행동이 사회적으로 높이 평가되는 공통 개념입니다.

중국에서는 문화대혁명 이후 그러한 유교적 문화와 사고 방식이 한번 크게 바뀌었습니다. 그런 상황에서 신용 점수와 같은 평가 체계가 등장한 것으로 **'선행(善行)을 쌓으면 평가해준다.'**고 생각하게 되었습니다. 문화나 습관으로 할 수 없었던 일이 데이터와 IT 기술을 통해 이루어지게 되는 셈입니다. 향후 정부의 관리 사회 구축에 악용될 수 있다는 무서운 측면이 있지만, 현재의 선행을 쌓으면 이득이 있는 사회 실현화는 디지털에 의한 사회 시스템 업데이트의 한 가지 사례라고 할 수 있을 것입니다.

사소한 사례입니다만, 얼마전 카페에 갔다가 깜박 잊고 카메라를 놓고 나왔는데, 종업원과 가까이에 있던 손님이 바로 달려와서 전달해 주셨습니다. 고맙다고 인사하자, '괜찮아요. 그것보다 문만 열어 놓고 나가지 말아 주세요.'라고 해서 쓴웃음을 지은 적이 있습니다. 예전에는 사람을 신용하지 않는 불신 사회였던 중국이지만, 급격히 신용 사회로 변하고 있습니다. 5년이나 10년만에 중국을 찾아오는 일본인은 너무 많은 변화에 모두가 놀랍니다.

1-5
디지털 중국의 본질 데이터가 시민 행동을 바꾸고 사회를 바꾼다

'중국이 신용 사회화하고 있다.'는 변화가 신용 점수만으로 빚어지는 일은 아닙니다. 행동 데이터를 바탕으로 한 신용 평가 시스템이 다양한 서비스에 적용되어 선행을 쌓으면 이득이 있는 상황이 기본 환경으로 되어 있기 때문입니다. 그 대표적인 사례가 택시 호출 앱 디디(Didi)입니다. 우버(Uber)와 같은 택시 호출 서비스 앱이지만, 제 개인적인 사용자 입장에서 보면 체험 쾌적감은 우버와는 전혀 다릅니다.

디디에는 일반 자유 승차 택시, 쾌속 택시, 프리미엄 택시, 럭셔리 택시의 4종류가 있고, 후자일수록 서비스 등급이 높아집니다. 일반 택시와 쾌속 택시는 일반 개인 택시와 크게 다르지 않지만, 프리미엄 택시가 되면 기사가 정장을 입고, 운전도 잘하고, 손님 자리에는 생수가 준비되어 있습니다. 가장 등급이 높은 럭셔리 택시가 되면 차종이 독일3사 벤츠, BMW, 아우디이며, 손님 자리에는 과자와 생수가 마련돼 있고 좋아하는 음악을 들을 수도 있습니다. 다만, 쾌속 택시와 비교하면 럭셔리 택시 요금은 같은 거리인데도 9~10배 차이가 납니다.

예를 들어, 부하 직원들을 데리고 밥 먹으러 갈 때는 쾌속 택시, 출장으로 공항에 갈 때는 주행 거리가 길고 음료를 마시고 싶으니 프리미엄 택시, 접대할 때는 럭셔리 택시로 한다. 이와 같이 상황에 따라서 선택이 가능하며 사용자 관점에서 보면 상당히 편리합니다.

평가 기술이 직원을 개선

디디 서비스는 사용자 관점에서 화제가 될 때가 많습니다만, 그러한 장점을 창출 해주는 열쇠가 운전기사 측을 평가하는 구조에 있습니다. 그것을 설명하기 전에 우버의 평가 시스템을 설명합니다. 우버에서는 운전기사와 승객의 상호 평가가 기본입니다. 승객은 운전기사의 운전 예절과 승차감, 접대 태도를 평가하고 운전기사는 승객의 태도를 평가합니다. 중국에서 이를 따라하면 어떻게 되는가 하면 '5위안을 줄 테니 나에게 5점 평가를 주시오.'하는 거래가 될 것입니다. 그러면 모처럼 비싼 고급 택시를 탔는데 '운전이 너무 거칠어서 겁이 났다.', '접대 매너가 나빴다.' 등이 되어 고급 택시는 아무도 안 타게 됩니다.

디디의 평가 시스템은 우버와는 다릅니다. 승객이 불편함 없이 쾌적한 승차 시간을 보내기 위해 디디는 속일 수 없는 평가 시스템을 도입하고 있습니다. 먼저, 운전 기사의 월급이 앞서 소개한 4종류 등급에 따라 결정됩니다. 높은 등급일수록 월급이 많은데 처음에는 일반 자유 승차 택시부터 시작합니다. 평가 시스템에서 점수가 올라가면 높은 등급의 시험 자격이 생기기 때문에 모두 열심히 해서 등급을 올리려고 합니다. 이뿐만이 아닙니다. **뛰어난 것은 승객 만족도를 데이터로 취득해서 계측하는 점입니다.** 주로 다음의 3가지 데이터를 취득하고 있습니다.

첫 번째는, 호출 요구에 대한 응답 시간입니다. 승객이 앱으로 호출할 때 바로 응답했는지의 여부입니다. '호출을 마구 잡았다가 나중에 취소한다.'는 것이 통하지 않도록 취소율도 데이터로 남깁니다.

두 번째는, 호출을 받은 후 승객이 기다린 시간입니다. 앱으로 호출이 완료되면 승객 측에는 '도착 예상 시간은 앞으로 3분입니다.'라는 알림이 옵니다. 그 알림 대로의 도착 여부를 측정하고 있습니다. 기사 사정으로 다른 곳으로 돌다 갈 수 없게 되어 있는 것입니다.

세 번째가 가장 중요한데 GPS와 자이로 센서(가속도 센서) 데이터를 측정하고 안전 운전 여부를 측정하고 있습니다. 운전 기사의 앱에는 최단 거리와 시간이 표시됩니다만, '제한 시간만 지키면 어떻게 운전해도 상관없다.'라고 기사 맘대로 이해해 버리면 조금이라도 빨리 도착하려고 난폭 운전을 할 가능성이 있습니다. 실제로 손님을 찾아 돌아다니는 택시가 조금 서두르는 경우라면 2차선 변경 등의 위험 운전도 밥 먹듯 하는 나라가 중국입니다. 사고 위험도 높아지고 승객에게 불안감을 줄 수 있습니다. 그래서 운전 기사들에게는 디디의 운전 기사 전용 앱을 상시 작동하도록 하고, GPS와 자이로 센서 데이터를 취합하여 속도 초과 및 급제동, 급출발 등을 알 수 있게 되어 있습니다.

택시의 평가라고 하면 차 내부가 깨끗한지, 기사가 친절한지 등이 바로 떠오릅니다만, 그것들은 정말로 만족도를 좌우하는 요소가 아니고, 가장 만족도를 높이는 것은 **안심하고 빠르게 목적지에 갈 수 있는 것입니다. 거기에 직접적으로 관련되는 포인트만 데이터를 취득해서 평가에 반영시키는 구조**를 만들고 있습니다. 기사는 '어떻게 하면 점수가 오를까?'를 알고 있기 때문에 그 평가 점수를 높이기 위해 꾸준히 선행을 쌓는다는 것입니다.

이전의 택시는 승객이 같은 차를 반복해서 타는 경우가 거의 없기 때문에 기사는 고객 서비스에 대해 그다지 신경 쓸 필요가 없다고 여겨져 왔습니다. 실제

기사 평가 시스템이 도입되기 전까지는 '택시 안에선 내가 법이다.'이었지만, 평가 시스템 도입으로 분명히 바뀌었습니다. 기사는 노력하면 월급이 10배로 올라가고 높은 등급의 기사는 신뢰할 수 있는 사람으로서 개인 대출이 가능하게 된다고 합니다. 기사 월급이라는 성과 보수와 택시 체험의 쾌적함을 매칭시킨 시스템으로 승객에게도, 기사에게도, 그리고 디디에게도, 또한 사회에도 좋은 상황을 만들어 내고 있습니다.

앞에서 두 번째 프리미엄 택시가 되면 트렁크에 짐을 실어 주거나 내릴 때 '승차해 주셔서 감사합니다.'라는 인사말을 듣기도 합니다. 예전 중국에 비하면 놀라운 변화입니다. 디디가 대단한 것은 좋든 말든 철저히 성악설을 바탕으로 하고, 기사들은 그냥 두면 뭘 할지 모르기 때문에 '사람은 실리적이다.'라는 인식에 따라 매너 향상과 서비스 품질을 하나하나 데이터에 담아 가시(可視)화하고, 기사에게 과제를 주는 구조로 만들어서 해결한 것입니다.

확장되는 인센티브 시스템

이러한 인센티브 시스템은 확산세를 보이고 있습니다. 예를 들면, 우버이츠(Uber Eats) 같은 것은 음식 배달원 전용으로 인센티브 시스템이 적용되어 있어서 수많은 노동자들이 우버이츠나 디디 등 푸드 배달로 흘러오게 되었습니다. 종업원 입장에서 보면 무엇을 어떻게 노력하면 평가받고 승진할 수 있는 지가 명확하다면 동기 부여가 된다는 것입니다. 데이터를 활용한 업무 평가 시스템 도입으로 종업원 태도가 바뀌고, 그 변함이 확산하는 것으로 사회 전체가 바뀌면서 시민 의식이 높아지는 현상이 일어나고 있습니다. 그것이 지금 중국의 현실입니다. 미국에서는 모바일 사용자의 25%가 우버를 사용한 적이 있다고 합니다만, 디디는 중국내 모바일 사용자 중 약 40%가 사용하는 서비스가 되고 있습니다.

여기까지 택시 호출 앱의 긍정적인 면을 소개했지만 아직까지 승객 살해 사건이 발생하거나 택시비 시비가 원인이 되어서 불미스러운 사건이 일어나기도 합니다. 큰 변화에 대해 모든 사람이 적응되어 있다고 할 수는 없습니다. 이러한 현실은 잘 알아 두셔야 합니다.

일본에서의 신용 점수는 어떻게 될까?

일본에서도 신용 점수 도입을 추진하는 기업이 많아졌습니다만, 업무상의 이익에만 눈이 팔려서 그대로 사고 방식을 복사하면 일본과 중국과의 상황 차이 때문에 쓴맛을 볼 가능성이 높습니다. 상황의 차이로서 우선은 데이터 양에 차이가 있습니다. 알리바바는 신용 점수로 성공하고 텐센트는 이를 따라잡지 못한 이유 중 하나가 알리바바는 온라인과 오프라인 모두를 포함해 막대한 구매 데이터를 가지고 있다는 점을 들 수 있습니다. 일본에서는 이러한 규모의 데이터 취득이 어려운 바람에 신뢰성이 낮아서 어디까지나 미국의 신용 점수와 비슷한 방식만 가능하다고 보입니다. 모바일 결제가 확산되면 상황이 좀 달라질 수 있겠지만, 과연 중국처럼 인프라 서비스로 기능할 정도로 보급될 지는 의문입니다.

또 일본에서 신용 점수 아이디어를 논의하다 보면 점수가 낮은 사람에게는 벌칙을 주는 등의 불리한 시스템으로 만들어 버리는 경우를 많이 볼 수 있습니다.

혹시 여러분이 사용자라면 벌칙이 있는 서비스를 이용하고 싶으신가요? 중국 서비스는 점수가 낮은 사람에게 벌칙을 주는 구조로 되어 있지 않습니다. 중국의 선진 기업에서는 '사용자 마음에 들어서 많은 빈도로 꾸준히 이용하지 않으면 죽어버린다.'는 인식이 배어 있기 때문에 심하게 범죄 같은 행위를 하지 않는 한 점수가 내려가지는 않습니다. 기본적으로는 **'착한 일을 계속하면 이익이 돌아온다.'**라는 가점 방식입니다.

'그럼 비즈니스에 있어서 도움이 되나?'라고 하면 중국에서 제대로 할 수 없었던 개인 대출을 정밀도가 높은 여신 관리를 통해 효율적으로 실행할 수 있게 됩니다. 이것을 미리 전망했기 때문에 알리바바에는 앤트 파이낸셜이라는 금융회사가 있는 것입니다. 또한 점수를 높이고 싶은 욕구를 불러 일으키는 것으로 구하기 어려운 속성 데이터를 사용자가 스스로 입력하도록 시킬 수 있으며, 한층 더 질이 높은 데이터를 획득해 금융뿐만이 아니라 마케팅에 활용할 수 있습니다. 이 때문에 금융이 약하고 EC도 약한 텐센트에게 해당 정보는 그다지 활용 가치가 없으므로 텐센트는 맞서서 이러한 서비스 점유율을 확보하려고 하지 않습니다.

디디가 구축한 유형의 평가 시스템을 활용한 서비스는 그 예가 넘치고 있습니다. 사용자 측과 비즈니스 측, 쌍방의 다른 성과 보수 체계를 파악하여 수집된 데이터를 활용해서 엄밀하게 평가한 것으로 사용자, 회사, 사회 모두에게 이익을 주고 있습니다. 이러한 시스템으로부터 일본 기업은 많이 배워야 할 것입니다. 중국의 젊은 선진 기업과 이런 아이디어를 이야기할 때 항상 '그것은 구매자와 판매자에게 어떻게 이득이 되나?'라는 질문이 나옵니다. 실리주의이기 때문에 더욱 성과 보수 설계를 제대로 해서 Win-Win 관계를 만들려고 합니다.

일본 기업은 단순히 서비스를 모방하지 말고, 이러한 태도를 배우고 사용자의 생활이나 사회 시스템을 어떻게 업데이트할까? 하는 관점에서 생각해야 된다고 강하게 느낍니다.

1-6
대기업과 기존 기업의 좋은 변혁 사례 '핑안 보험 그룹'

여기까지 소개한 기업은 이른바 IT 업계나 신생 기업의 사례가 중심이었습니다. 알리바바도 회사 설립 18년째이지만 원래는 디지털 업계의 신생 기업이었습니다. 애프터 디지털 시대에 돌입한 이후 이러한 신생 기업이 고개를 들고 있다는 점이 사실이지만, 기존 기업에서 성공한 경우도 있습니다. 여기에서부터는 중국 핑안 보험 그룹이라는 보험 회사를 소개합니다.

핑안 보험은 1988년에 중국 선전에서 창업한 보험 회사입니다. 이른바 기존 기업이지만 보험 사업에서 보험 은행 투자로 확대하여 금융계 전반, 나아가 의료와 이동, 주거 등의 생활 서비스까지 비즈니스를 확대하고, 2017년부터의 1년으로 주식 시가 총액은 2배인 약 213조 억 원에 달하는 이례적인 약진을 이루었습니다. 2018년 말의 **주식 시가 총액 순위는 사적 기업 중에는 알리바바와 텐센트에 이어 제3위를 차지하고 있습니다.** IT 기업이 패권을 잡는 시대에 보험 회사가 어떻게 급성장을 했을까요? 그 비결을 한 마디로 하자면 '체험×행동 데이터에 중점을 두고, 장기적이고 철저한 고객 지향 경영을 실시했다.'가 됩니다. 구체적으로 풀어 나가도록 하겠습니다.

보험 사업의 약점을 극복한 디지털 서비스

보험 회사의 전통적인 영업 방식은 애프터 디지털 세계에서는 큰 약점을 안고 있습니다. 오프라인이 없어지고 모바일, 센서, IoT 등을 통해 사용자와의 접점이 늘어나고, 거기서 모은 행동 데이터가 비즈니스를 좌우함에도 불구하고, 보험 회사는 고객과의 접점이 적습니다. 보험은 한번 가입하면 그 다음에는 피보험자가 다치거나 입원할 때까지 고객과 만날 기회는 없으며, 게다가 갱신이 자동화되어 있다면 고객과 기업간 접점은 거의 없습니다.

핑안 보험은 이 약점을 위기라고 이해하여 해결책으로 2013년 핵심이었던 금융 사업의 틀을 넘어 디지털 서비스를 사용한 생활권으로 비즈니스를 확대하는 전략을 취했습니다. 의료, 이동, 주거, 오락과 같은 생활권에 서비스를 확대하는 것으로 고객 접점을 획득하려고 했습니다(도표 1-1).

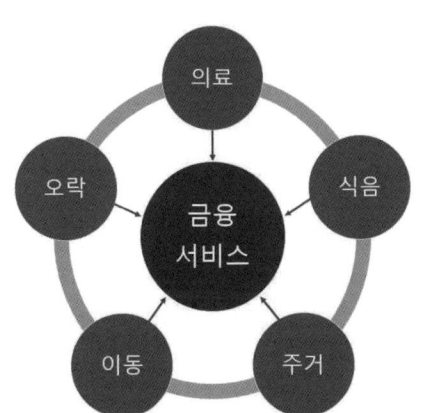

- 의료 '핑안 닥터 앱'
- 이동 '핑안 호차주'
- 오락 '포인트 사이트 핑안 만리통'
- 주택 '핑안 하오방'
- 금융 '육금소(Lufax)' 등
- 핑안 보험 비즈니스

[도표 1-1] 핑안 보험 비즈니스

그리고 적극적인 기업 매수를 실시해 현재는 수많은 서비스를 벌이고 있습니다. 예를 들어 의료 및 건강 지원 앱인 '핑안 호의생(좋은 의사)', 자동차 매체인 '기차지가(기차의 집)', 자가용 자동차 관리 앱인 '핑안 호차주(좋은 차주)', 디지털 결제와 EC 기능을 가진 '일전포(하나의 지갑)', 자동차 할부 기능을 포함한 부동산 앱인 '핑안 하오방(좋은 집)' 등이 있습니다.

이 중 특히 성공한 앱이 의료 앱인 '핑안 호의생'입니다. 2018년 1월 시점에 1억 9,700만 명의 이용자를 획득했고 아마 현재 사용자 수는 2억명을 넘었을 것입니다. 이렇게 많은 이용자를 획득한 이유를 이해하려면 최근까지의 중국 의료 사정을 먼저 이해해야 합니다.

예를 들면, 상하이에는 많은 개인 의원이 있지만 의료 서비스 품질은 천차만별입니다. 마침 좋은 의사를 찾아갔다면 다행이지만 악질 의사를 만나면 허술한 처방전을 내주면서 고액 의료비를 청구하거나 생명의 위기에 처하게도 하는 상황이었습니다. 그렇게 되면서 종합 병원 같이 인기 많은 병원에 환자가 집중된 결과, '번호표 뽑고 진찰까지 7일 대기'라는 상황에 빠졌습니다. 그러자 번호표를 여러 장 뽑아서 판매하는 사람이 나오고, 번호표 암표상이 활개를 쳤습니다. 번호표가 1장에 70만원으로 전매가 된다는 뉴스를 본 적도 있습니다. 그렇게까지 해도 받을 수 있는 진찰은 겨우 몇 분 밖에 되지 않는 경우도 많습니다.

개인 의원 전체의 평판이 안 좋기 때문에 제대로 하는 개인 의원도 시민에게 신용을 얻지 못하고 한가로운 시간을 보내고 있었습니다. '환자 분배가 올바르게 이루어지지 않았다.'라는 일본에서는 상상도 못할 정도로 안타까운 상황이었습니다.

병원 예약의 약점을 해결하는 기능

그러한 문제를 해결하기 위해 핑안은 핑안 굿 닥터 앱을 개발했습니다. 중요한 기능은 크게 3가지입니다.

첫 번째는 의사 네트워크와 협약을 체결하여 앱에서 무료로 개인 의원의 문진을 받을 수 있는 기능입니다. 예를 들어 '아이가 아픈데 어떻게 해야 할지 모르겠다.'라고 할 때 앱 문진표에 증상을 적으면 2분 이내에 의사 답변이 돌아옵니다. 이 답변에서 '바로 병원 가기를 권한다.' 혹은 '쉽게 해 주면 괜찮을 것이다.' 등을 통해 알 수 있는 것만으로도 편리합니다. 만약 바로 병원에 가야한다면 두 번째 기능의 차례입니다.

두 번째는 앱을 통한 병원 예약 기능입니다. 병원과 의사를 선택하여 진료 예약 접수까지 마칠 수 있습니다. 예를 들어 앱에서 '상하이 성형외과 핑안 추천'을 입력하면 자택이나 현 위치를 기점으로 800m, 1.1km, 2.3km로 거리가 가까운 순서대로 병원 명단이 나옵니다. 흔한 서비스는 병원을 선택하고 종료 정도의 서비스이지만 해당 앱에서는 병원을 선택한 다음에는 의사 명단이 표시됩니다. 중국인에게는 어떤 병원이냐 보다 어떤 의사인지가 더 중요하기 때문입니다. 의사 명단을 클릭하면 각각의 졸업 대학, 논문 경력, 수상 경력 등 프로필을 확인할 수 있습니다. 의사가 믿을 만한지를 스스로 확인하고 판단할 수 있는 셈입니다. 또한 의사 평가 점수나 사용자 피드백도 읽을 수 있으므로 그 데이터를 참고로 의사를 선택하고 예약 폼을 열어 의사 예약 상황을 보면서 예약을 완료할 수 있습니다. 번호표 암표상이 횡행했던 날을 생각하면 이러한 시스템은 획기적인 것이었습니다. 환자는 믿을 만한 의사와 병원을 바로 찾을 수 있고, 개인 의원은 신뢰를 모으고, 종합 병원에 집중되던 환자가 시중의 개인 의원에 재분배 되었습니다. 환자에게도 개인 의원에게도 Win-Win인 앱이어서 2018년 여름에 직접 핑안 보험부터 들은 바에 의하면 의사 네트워크는 2018년에 4만명, 등록 병원 수는 3,200에 달했다고 합니다.

세 번째 기능은 사용자가 걷기 운동을 하면 포인트가 쌓이는 시스템입니다. 이른바 단순한 만보계 기능이지만 걸어서 쌓인 포인트를 앱 내 건강 식품, 미용 용품, 의약품 구입 시 돈으로 사용할 수 있습니다. 이것만 들으면 왠지 흔하게 있을 만한 기능으로 들릴지 모르겠지만, 뛰어난 것은 **사용자가 하루가 끝나기 전에 한번 앱을 열고 [오늘의 걸음 환전]이라는 버튼을 누르지 않으면 보수가 사라지는 구조**입니다. 그래서 사용자는 반드시 하루에 한번 앱을 여는 동작이 습관으로 되어 있습니다.

행동 데이터는 최강의 영업 도구

이 이야기를 일본계 기업 직원에게 하면 '대단하네요. 하지만 이 앱은 어떻게 따라할 수 있습니까?'라는 반응이 돌아옵니다. 크게 나누어서 사업에 기여하는 포인트가 두 가지 있습니다.

한 가지는 약 2억명의 사용자와의 접점을 가질 수 있게 되었다는 점입니다. 하루에 1회 앱을 열었을 때 기업측이 보여주고 싶은 화면이나 동영상을 보여줄 수 있기 때문에 교통 광고나 방송 광고에 고액의 예산을 투입하지 않아도 자사 상품이나 서비스를 추천할 수 있습니다. 지금까지는 브랜드 이미지를 만들기 위해서 상품 광고를 하는 것이 마케팅 투자의 정석이었지만 접점을 많이 만들어서 행동 데이터를 활용하는 시대에 돌입한 결과 '**고객 체험에 의한 가치 제공으로 사용자를 모으는 장소를 만든다.**'라는 새로운 광고 투자의 모습이 보이게 되었습니다. 디지털계 신생 기업이 단년도 수지를 무시하고, 행동 데이터 획득이나 사용자를 모으기를 위해서 수익성을 무시하는 정책을 강행하는 일도 적지 않습니다. 사실 핑안 호의생 앱은 사용자 생활에 도움이 되고 있기 때문에 '핑안은 우리들에게 도움을 주는 좋은 회사'라는 브랜딩으로 이어지고 있습니다.

다른 한 가지는 기업에게 영업 도구가 된다는 점입니다. 핑안 보험의 영업 직원이 보험 가입을 권유하러 갔지만 '당장은 계약을 따기 어렵다.'라고 판단된 경우 보험을 팔지 않고 앱만 무료로 다운로드하게 안내합니다. '저희가 만든 의료 앱이 있는데요, 의사 선생님 검색도 되고 병원 예약도 할 수 있어서 굉장히 편리하고 평판도 좋아요. 꼭 다운로드만이라도 해보세요. 자! 이렇게 등록하는 거예요.'라고 설명하고, 로그인까지 하도록 하는 것입니다. 실제로 사용자가 사용해 보면 여기까지 소개한 것과 같이 의료에 있어서 고민 거리를 해결해 주는 좋은 앱이라는 느낌이 옵니다. 그렇게 되면 좋은 앱을 알려 준 영업 직원으로 판단되어 고객의 믿음을 얻을 수 있습니다.

꾸준하게 앱을 이용하면 잠재 고객의 행동이 데이터로 보이게 됩니다. 앱을 사용한지 며칠이 지나자 콜센터에서 영업 직원에게 연락이 갑니다. '영업 직원님이 앱에 신규 등록시킨 A씨는 그 후 암 정보를 어느 정도 알아본 다음 무료 문진 서비스로 의사와 이런 상담을 하고, 다음 주로 병원 예약을 한 상황이며, 꼭 연락해서 이런 느낌으로 이야기를 해 보세요.' 등의 내용이 전달됩니다.

그러면 영업 직원은 A씨에게 전화를 걸어 '요즘 건강은 좀 어떠세요? 병원에 다니지는 않으세요?'라고 이미 알고 있는 사항을 감히 묻습니다. 당연히 A씨는 병원 예약을 해 둔 것을 얘기하겠지요. 이때 '그런데, 어린 자녀가 계셨지요? 병원에 데리고 가기 힘들지 않으세요? 그 날은 제가 시간이 있어서 잠시 맡아 드릴 수 있는데요.'라고 제안을 한다고 합니다. 이렇게 되면 A씨에게는 그 보험 영업 직원이 친절한 사람으로 느껴지고 친분을 느낍니다. 여기까지 오면 보험 회사를 선택하는 장면에서 반드시 핑안 보험을 선택하게 됩니다. 애당초 보험 상품의 미세한 차이를 이해할 수 있는 일반인이 거의 없으므로 자신에게 가까운 직원에게 계약하면 안심할 수 있기 때문입니다.

이 앱은 '**바로 일어나는 매출보다 사용자가 핑안 보험에 호감을 가지게 되고, 지속적으로 고객과 함께 하는 것을 중시한다.**'라는 철저한 기업 전략을 바탕으로 개발되고 있습니다. 접점 만들기는 앱에 맡기고, 영업 직원은 신뢰 획득하기에 집중시켜 사용자와 함께하는 효과를 최대한 높이고 있습니다.

디지털이 진행한 세계의 인적 자원 사용법

핑안 보험 주식 시가 총액은 2배로 늘어나면서 영업 직원을 계속 늘리고 있습니다. 디지털화가 진행되면 AI에게 일자리를 빼앗긴다는 지적이 있지만 실제로는 새로운 형태의 사업으로 재편돼 새로운 일자리가 탄생할 것입니다.

핑안 보험의 사례에서는 의료 플랫폼 이용까지 이어가도록 하기 위한 긴밀한 소통을 위해서 사람을 배치하고 있어 새로운 시대의 인적 자원 사용법으로서 바람직한 모습을 제시하고 있다고 생각합니다. 사람이 개별적으로 대응해야 잠재 고객에게 앱 사용법을 친절하게 알려 줄 수 있고, 앱 사용을 제대로 할 수 있게 된 사용자로부터 상세한 행동 데이터를 얻을 수 있습니다. 디지털과 행동 데이터를 구사하여 최적의 시점에 최적의 커뮤니케이션을 취할 수 있게 되어 전체적인 영업 절차나 부담은 줄어들고 효율화 됩니다. 이로 인해 생긴 빈 시간은 보다 많은 신뢰를 창출하는 의사소통에 이용하는 것으로 사용자 측에도 기업 측에도 이익이 되는 구조라고 할 수 있습니다. 이러한 Win-Win 관계를 형성하는 체계는 중국 기업의 특징입니다.

1-7
경험과 행동 데이터의 루프를 순환하는 시대로

여기까지 설명해 온 것을 정리하면 모든 행동이 활용 가능한 데이터가 되었으므로 사용자 취향을 시각적으로 파악할 수 있어 '지금 갖고 싶다.'라는 타이밍도 알 수 있게 되었고, 그 타이밍에 요구되는 것이나 가치를 제공하려는 사업이 시작되고 있습니다. 이러한 사업은 IT 기업이나 신생 기업뿐만이 아니라, 핑안 보험과 같은 기존 기업들도 이미 제공을 시작하고 있습니다. 모든 사례에서의 공통점은 경험과 행동 데이터의 루프가 경쟁 원리의 근간이 되고 있는 것입니다. 구체적으로는 다음과 같습니다.

- 오프라인 행동의 모두가 디지털 데이터가 되어 그 보유와 활용이 열쇠가 된다.
- 행동 데이터는 1인당 분량이 중요하므로 사용자와의 접점은 높은 빈도로 있는 편이 바람직하다.
- 행동 데이터를 계속 수집하려면 '즐겁다, 편리하다, 사용하기 쉽다.'라는 높은 체험 품질이 필수적이다.
- 데이터 활용으로 적당한 타이밍에 적합한 소통을 통해 접근이 가능하게 되어 체험 품질이 향상된다.

예전부터 하는 일상 대화 중에 '소비는 물건에서 경험으로'라는 말이 있는데, 애프터 디지털에 있어서는 **고객 체험이나 여정(Journey)과 같은 말을 사용하는**

편이 **적절**합니다. '경험이 중요하지 않다.'는 뜻이 아닙니다. 많은 일본 기업은 제품 배경에 있는 브랜드 스토리로서 경험을 제공해 효과를 보는 것 같습니다. 이러한 재산은 애프터 디지털에도 틀림없이 살릴 수 있습니다.

여기에서 언급하는 고객 체험이나 여정이라는 것은 오랜 기간에 걸쳐 계속해서 함께 하는 비즈니스 모델의 이야기입니다. 지금까지는 예를 들어서 운동화를 팔겠다면 마이클 조던을 기용해서 TV에서 광고를 하고, 운동화 가게에서 손님을 많이 끌어서 대량 판매하는 것이었습니다. 디자인이 멋있다, 기능성이 우월하다, 이미지가 좋다, 등등 어쨌든 좋은 물건을 만들어서 거기에 정보에 대한 부가 가치를 매기는 것에 중점을 두었습니다.

이것에 비해 디지털 시대의 비즈니스는 고객과 함께 하는 형태가 됩니다. 운동화가 사용자에게는 건강한 생활을 하기 위한 1개의 부품이 됩니다. 운동화 자체가 좋은 제품이라는 전제 조건이 물론 중요하며, 덧붙여서 앱으로 주행 거리를 측정하거나 마라톤 이벤트에 참가할 수 있고, 온라인 상에서 운동화를 개별화하는 등 지속적인 가치 제공을 모두 합친 다음에 비로소 고객과 함께 하는 구도로 형성이 됩니다. 운동화는 어디까지나 가치를 지속적으로 체험하는 과정에서의 '다양한 접점의 종류 중 하나'라고 인식되는 셈입니다.

온라인이 오프라인을 침식해서 녹아들고 사용자의 모든 행동 데이터를 하나하나 취득할 수 있는 시대가 되었으므로 그 데이터를 모두 활용해서 사용자 체험을 보다 높여가는 비즈니스 모델을 구축할 수 있습니다. 덧붙이자면 그러한 모델을 빨리 구축한 기업이 이기는 것입니다. 핑안 보험이 급성장한 이유는 이러한 비즈니스 모델을 구축할 수 있었기 때문입니다. 다음 장에서는 여기까지 설명한 사례를 바탕으로 '어떤 관점 전환이 필요할까?'라는 논의에 들어가 보겠습니다.

제 **2** 장

애프터 디지털 시대의 OMO형 비즈니스(필요한 관점 전환)

2-1
비포 디지털과 애프터 디지털

이 책의 제목인 애프터 디지털이라는 세계관에 대해 설명하겠습니다. 지금까지의 실제와 디지털 인식은 '오프라인의 실제 세계가 중심이며, 부가적인 존재로서 새로운 디지털 영역이 펼쳐지고 있다.'라는 도식이었습니다. 이 상태를 비포 디지털이라고 부릅니다.

그러나 모바일이나 IoT 센서가 널리 퍼져 있어 현실 세계에서도 오프라인이 없어지는 상황이 생기면 '리얼 세계가 디지털 세계에 포함된다.'라는 도식으로 재편성됩니다. 이러한 현상을 애프터 디지털이라고 부릅니다(도표 2-1).

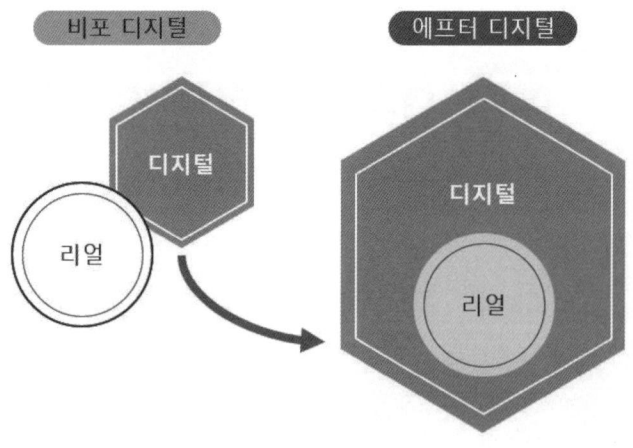

[도표 2-1]

애프터 디지털 사회에서 사람은 디지털 환경에 상시 접속하고 있는 상태가 되어 리얼 행동도 포함한 모든 행동 데이터가 축적됩니다. 그것은 제1장에서도 알 수 있었습니다. 기업 측에서 보면 사용자와의 접점이 급격하게 확대되어 리얼 장소는 긴밀하게 소통할 수 있는 희귀한 접점이 된다고 할 수 있습니다. 비즈니스인 여러분의 사고 방식에 따라 말하자면 다음과 같이 바뀝니다.

> [비포 디지털] 리얼(가게나 사람)에서 언제든지 만날 수 있는 고객이 가끔씩 디지털에도 다가와 준다.
>
> [애프터 디지털] 디지털에서 끊임없이 접점이 있고, 가끔씩 디지털을 활용한 실제(가게나 사람)에도 다가와 준다.

디지털 트랜스포메이션을 추진하는 데 있어서 이러한 사고 방식으로 전환할 수 있는지가 가장 중요한데 비포 디지털에 깊이 빠져 있으면 매우 어려운 사고 방식이 됩니다. **디지털 도구라는 표현이 있었습니다만, 이제 실제 상황이 도구가 됩니다.** 즉, 디지털 라이제이션의 본질은 디지털이나 온라인을 부가 가치로 활용하는 것이 아니라, **'오프라인과 온라인의 주종 관계가 역전된 세계'라는 관점 전환에 있다고 생각합니다.** 완전한 오프라인은 더 이상 존재하지 않으며, 디지털이 기반이 된다는 전제 하에 어떤 식으로 전략을 수립해야 하는가 하는 마음 가짐이 필수적으로 요구됩니다.

디지털 트랜스포메이션이라는 말은 기업을 위해서 있는 것이 아닙니다. 사회 인프라나 비즈니스 기반이 디지털로 변화하는 것을 가리키는 것입니다. 기반이 변화하는 것이기 때문에 우리의 관점도 거기에 맞추어 바꾸어 가지 않으면 안 된다고 생각합니다. 지금의 일본은 비포 디지털적인 세계를 파악하는 방법이나 관점을 갖춘 채 디지털 트랜스포메이션을 외치고 있다고 느낍니다.

실제 생활이 온라인 쪽으로 옮겨온 시대

애프터 디지털이란 어느 의미에서는 '디지털 쪽에 산다.'라는 감각입니다만 이것은 이미 일본 젊은 세대에서는 몇 년 전부터 보이기 시작했습니다. 예를 들어, 학교에는 친구가 없지만 인터넷 상에서는 같은 뮤지션이나 애니메이션을 좋아하는 사람과 바로 실시간으로 연결되므로 동아리 친구가 많다고 하는 젊은 사람들의 생활 스타일은 그 한 가지 예입니다. **리얼보다 디지털 쪽이 매칭 정밀도가 높고, 의사소통 장벽도 낮으며, 그들에게 있어서 리얼한 인간관계를 구축하기가 쉽습니다.** 물론, 학교에 같은 취미나 취향을 가진 사람이 있을지도 모릅니다만 일상 생활에서는 좀처럼 그런 이야기를 할 수 있는 기회나 장소가 없습니다.

이런 이야기를 들었습니다. 은둔형 외톨이 경향이 있는 대학생 아들을 걱정한 아버지는 아들의 친구에게 아들을 데리고 술을 마시러 가 달라고 부탁했습니다. 그랬더니 그 대학생은 술집에 도착하자 갑자기 스마트 폰을 꺼내 트윗캐스(일본의 개인 라이브 방송 앱)를 시작했다고 합니다. 리얼에서의 친구는 적어도 온라인상에는 사이좋은 친구가 많이 있었습니다. 그중에는 만난 적이 없는 사람도 많이 포함된 모양인데, 본인으로서는 온라인 쪽이 보다 솔직하게 마음을 토

로할 수 있고, 리얼한 관계라고 느끼고 있는 것 같습니다. '리얼 장소에서는 말할 수 없어도 트위터에서는 속마음을 털어 놓을 수 있고, 거기에서 연결되는 친구가 있다. 그렇기 때문에 실생활에서 뭔가 특별한 시간이 있을 때에는 트윗캐스를 통해서 '지금 이런 것을 하고 있어요.'라고 발신해 공유하는 것으로 멀리 있는 친구와 의사소통을 하고 분위기도 무르익을 수 있다.'라고 합니다. 그리고 이러한 일은 이제 더 이상 특수한 사례가 아닙니다. 젊은 직원이 회사에서 합리적이지 않다고 느끼는 기업 문화로 소통은 대면이 가장 옳고, 그 다음은 전화, 그 다음은 전자 우편이라는 가치관이 있습니다. '일하는 중에 스카이프나 LINE으로 의사소통을 하지 말아라.'라는 것은 구 시대적인 생각입니다.

이미 디지털 쪽에 살고 있는 사람들이 볼 때 **리얼 채널은 디지털에 포함된 도구의 일부분이므로 전자 우편보다 스카이프로 직접 얼굴을 보고 의사소통을 하는 편이 편리**하다고 실감하고 있어 무조건 '안돼!'라는 것은 이해할 수 없는 방식입니다. 디지털 기술 덕분에 시간과 거리의 제약을 없앨 수 있는데, 전자 우편을 보낸 다음에 '지금 이메일을 보냈습니다.'라며 전화로 확인하는 고객들을 이해하기 어렵다는 신입 직원 얘기는 자주 듣는 것입니다.

'그런 것은 실제가 아니다!'라고 말하는 경향이 있습니다만 애프터 디지털의 논리로 살고 있는 사람들에게는 디지털로 확장된 세계 자체가 실제인 것입니다. 비즈니스 관계밖에 없었지만 페이스북으로 연결되면 의외로 익살스러운 사람이며, 취미가 비슷한 것을 알게 되고, 거기에서 알게 된 것을 화제로 해서 대화가 많아지는 것은 성인인 여러분에게도 흔히 있을 것입니다. 그것이 확장되어 실제와 디지털의 주종 관계가 역전되거나 또는 서로가 융합되어서 차이가 없어진 상태라는 것입니다.

사람과 장소의 역할 - 실제 장소가 가지는 의미는?

일본은 사람에 대한 접대나 제조에 강점이 있다고 합니다. 실제 장소를 가지고 있어도 애프터 디지털의 세계에서는 의미가 없는 건가? 하면 그렇지 않습니다. **실제 채널은 긴밀하게 소통할 수 있는 귀중한 접점이므로 실제 채널에는 보다 높은 체험 가치나 감정 가치가 요구되어** 충분히 강점을 발휘하는 포인트가 됩니다.

제1장에서 설명한 핑안 보험의 핑안 굿 닥터 앱에 있어서도 앱을 사용하기 시작할 때에 영업 직원을 파견하여 앱의 우수성이나 사용법을 정중하게 설명하고 있었습니다. **즉, 핑안 보험은 그들의 경제권이나 세계관에 고객을 탑승시키기 위한 신뢰 구축과 설명하기를 사람이라는 리얼 접점으로 실시하고 있는 것입니다.** 그렇기 때문에 애프터 디지털에 대응하면서도 영업 인원을 늘리고 있는 것입니다. 얼마 전에 핑안 보험의 로열 고객과 인터뷰를 했을 때 이런 이야기를 해 주셨습니다.

"핑안 보험은 생활상 문제를 해결해 주는 살가운 친구 같은 존재다. 궁금한 일이 있으면 해결해 주고 건강도 보장해 준다. 건강 앱은 매일 사용하고 있고, 용돈 앱도 일주일에 한 번 정도는 사용하고 있다. 그런데 처음 만났을 때 보험 영업 직원이 친절하게 상담을 해주고, 올바른 제안을 해주고, 디지털 서비스를 알려주지 않았으면 이렇게 중요한 존재가 되지 않았을 것이고 앱을 이렇게 많이 사용하지도 않았을 것이다."

고객이 한 보험 회사에 대해서 이런 마음을 가질 수 있는 것은 애프터 디지털형의 접점 구성으로 비즈니스 모델을 펼치고 있기 때문이라고 생각합니다. 실제와 디지털의 역할 역전을 포함한 애프터 디지털형의 접점 구성은 2018년에 화제가 된 고객 성공 이론의 접점 개념인 하이 터치, 로우 터치, 테크 터치(High Touch, Low Touch, Tech Touch)와 매우 비슷합니다.

이 사고 방식은 '세 가지 방법의 서로 다른 접점을 조합해 고객과의 관계를 구축해 나가야 한다.'라고 설명합니다. 하이 터치는 사람이 개별적으로 대응하는 가장 밀접한 접점, 로우 터치는 사람이 여러 명을 상대하는 접점, 테크 터치는 인원 수 제한 없이 펼칠 수가 있으며, 사람이 개입할 필요가 없는 접점(온라인 살롱 등에서는 개입하는 경우도 있다.)을 가리킵니다(도표 2-2).

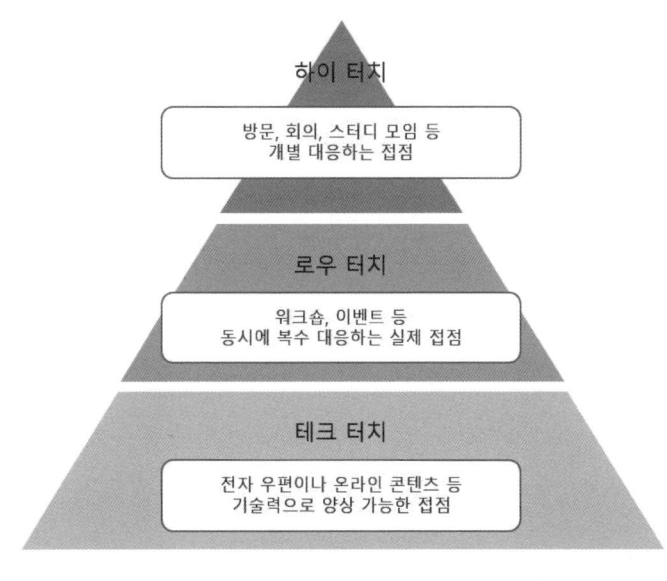

[도표 2-2]

기본적으로는 '고객을 보다 양호한 상태로 이끌기 위해 고객 계층에 따라 대응 수준을 구분하여 고객 성공과 자사 수익이 양립하는 합리적인 밸런스를 취한다.'라고 합니다. 핑안 보험에서는 같은 고객에 대해서도 이것들을 복합적으로 사용하는 경향이 있습니다. 이러한 개념은 SaaS를 비롯한 디지털 서비스를 전제로 하고 있기 때문에 애프터 디지털의 사고 방식과 친화성이 높다고 할 수 있습니다. 많은 고객과 빈번하게 접점을 취하는 토대로서 테크 터치가 있습니다. 핑안 보험 사례에서는 핑안 굿 닥터 앱이나 기타 디지털 서비스가 이에 해당합니다.

사람이 모이는 장소인 로우 터치의 알기 쉬운 사례는 점포나 이벤트입니다. 여기에서는 자세히 기술하지 않습니다만, 핑안 보험도 1년에 한 번 큰 이벤트를 개최하고 있습니다. 애프터 디지털화가 진행되고 있는 미국이나 중국에서는 '리얼은 체험 가치 제공이나 신뢰 획득이 가능한 귀한 접점'이라고 이해되고 있으며, 그것을 대표 매장의 디자인 등에 반영하여 중요한 역할을 담당하고 있습니다.

예를 들어 상하이에는 스타벅스 리저브 로스터리라는 배전소(커피 원두를 볶고 가공하는 곳)가 병설된 큰 스타벅스나 Nike의 The House of Innovation이라는 디지털 융합형 체험 매장이 있고, 차세대 전기차 브랜드 NIO에 의한 제2의 집을 모티브로 한 NIO HOUSE도 있습니다. 웹에서 모두 공유하지 못한 체험을 담은 이런 플래그십 스토어들이 잇달아 생겨나고 있습니다.

하이 터치 사례로는 앞서 설명해 드린 핑안 보험의 영업 직원을 들 수 있습니다. 또한 무인 계산대 편의점에 가보면 아시겠지만 실은 많은 사람들이 있습니다. 사람끼리의 의사소통은 끈끈하며 따스함을 느끼는 관계를 만들기 위해서 활용되고 있는 것입니다. 이 부분은 제3장에서 재차 설명하겠습니다.

여기까지 설명을 좀 더 깊이 이해하기 위해서 도표 2-3과 같은 그림을 만들어 봤습니다. 커스터머 석세스와 애프터 디지털에 공통되는 접점 구성은 그림과 같은 원뿔로 파악하면 알기 쉽다고 생각합니다.

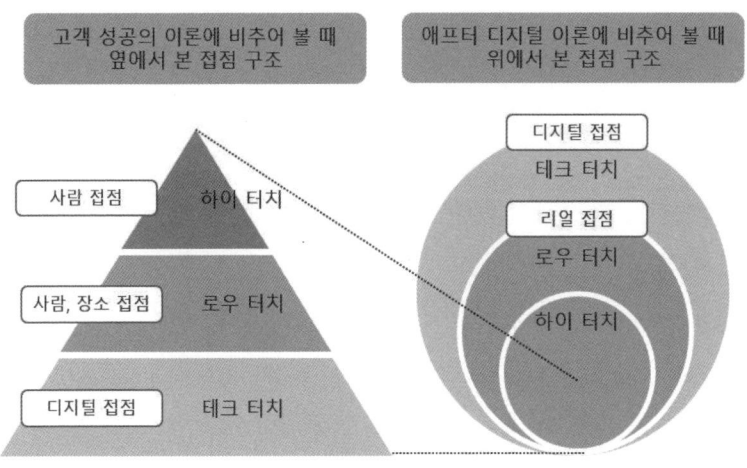

[도표 2-3]

2-2
리얼과 디지털을 가르는 시대의 종언

오프라인에서 온라인으로 생활 기반이 이행되는 지금, 비즈니스를 하는 우리에게 필요한 것은 무엇일까? 그 하나의 해답으로서 저희가 생각하고 있는 것이 **애프터 디지털 시대에 있어서 성공 기업이 공통적으로 가지고 있는 사고법으로서의** OMO(Online Mergeswith Offline, 또는 Online-Merge-Offline)라는 개념입니다. 이것은 온라인과 오프라인이 하나로 융합된 것으로 파악한 다음, 이것을 온라인에서의 싸움법이나 경쟁 원리로 파악하는 사고 방식을 의미합니다.

지금까지는 '인터넷을 어떻게 비즈니스에 활용할 것인가?'라는 사고 방식이었다고 생각합니다. 그러나 이제는 실제 장소나 행동도 상시 온라인에 접속되는 환경을 갖추고 있기 때문에 오프라인이 존재하지 않는 상태를 전제로 하여 비즈니스를 어떻게 전개해 나갈지 생각해야 합니다. 애프터 디지털이라는 세계관을 올바르게 이해하고, 행동 데이터나 접점을 올바르게 사용할 수 없으면 세계적인 디지털 기업과 맞붙을 수가 없는 시대가 되었다는 것입니다.

중국 핑안 보험을 예시로 OMO을 설명하겠습니다. 그들은 기존의 대 보험 회사였지만 그 사고 방식을 근본적으로 개혁하여 성공했습니다. 지금까지 보험이라는 상품은 영업 직원이 개인적으로 가지고 있는 정보에 달린 경우가 많아 해당 영업 직원이 그만두거나 타사로 이직하거나 하면 고객 정보도 모두 없어지는 손실이 있었습니다. 다르게 표현하자면 설령 우수한 판매 조직이라고 해도 고객이 평소 인터넷에서 어떤 정보를 검색하는지, 지금 무엇이 불안하고 무엇이 필요한지는 정확하게 모르고, 고객과 접하고 있는 영업 직원만이 알 수 있는 정보였다는 것입니다.

그래서 핑안 보험은 굿 닥터라고 하는 의료 및 건강 앱을 만들었습니다. 이것은 플랫폼이며, 거기에 사용자를 모아서 자유롭게 행동하게 하는 것으로 행동 데이터를 수집하여 의료에 관한 흥미, 관심, 불안을 데이터로서 빨아 올리는 장치를 만들었습니다. 사용자의 관심을 자세히 알면 건강에 대한 취약점이 부각됩니다. 개개인의 취약점을 구체적으로 알면 영업 직원에게 구체적인 지시를 내려서 문제 해결을 하거나 고객의 요구에 정확히 반응할 수 있습니다. 먼저 사용자의 행동 데이터를 가능한 많이 수집하고, 실제와 디지털을 모두 활용하여 연계를 취하는 시책입니다. 이것은 확실히 OMO의 좋은 사례라고 할 수 있습니다.

OMO의 유래, 발생 조건, 말의 참뜻

OMO라는 말은 구글 차이나의 전 CEO이자 현재 시노베이션 벤처스를 이끄는 리카이푸(李開復)가 2017년 9월경 제의하기 시작한 용어입니다. 2017년 12월 이코노미스트지에 게재하면서 널리 알려지게 되었습니다. 리카이푸는 온라인과 오프라인이 융합된 사회 자체를 OMO라고 부르며 저서에서 다음과 같이 언급하고 있습니다.

"소파에 앉아서 말로 배달 음식을 주문하는 것이나 집 냉장고에 있는 우유가 부족한 것을 감지하고 쇼핑 카트 담기를 추천해 주는 것은 이제 온라인도 오프라인도 아니다. 이렇게 융합된 환경을 OMO라고 하며 순수한 EC에서 O2O(Online to Offline)로 바뀐 세계를 한층 더 진화시키는 다음 단계이다."

리카이푸는 하나의 예로 공유 자전거나 택시 호출, 배달 음식 등을 설명하고, OMO의 발생 조건으로 다음의 4가지를 들고 있습니다.

- **스마트폰 및 모바일 네트워크의 보급.** 언제 어디서나 데이터를 취득할 수 있으며, 언제 어디서나 접속이 가능하다.
- **모바일 결제 침투율 상승.** 모바일 결제는 소액이라도 어떤 장소에서든 이용이 가능해진다.
- **폭넓은 종류의 센서가 고품질로 저렴하게 보급되어 광범위하게 설치된다.** 즉, 현실 세계의 동작을 실시간으로 디지털화하여 활용이 가능해진다.
- **자동화된 로봇과 인공지능의 보급.** 최종적으로는 물류(Supply Chain process)도 자동화하는 것이 가능해진다.

이렇게 4가지 조건이 충족되면 '실제 채널이라도 온라인으로 상시 접속하고, 그 자리에서 데이터가 처리되어 상호 작용이 가능해지기 때문에 온라인과 오프라인의 경계는 애매해지고 지속적으로 융합되어 나간다.'라고 말했습니다. 이 책에서는 OMO를 당초 리카이푸가 제시한 온라인과 오프라인이 융합된 사회에서 한 걸음 나아가 '온라인과 오프라인이 융합하여 일체화된 것이라는 전제 하에 **이것을 온라인에서의 싸움법이나 경쟁 원리로 생각하는 디지털 성공 기업의 사고 방식**'이라고 정의하고 있습니다. 이것에는 중국 선진 기업과 일본 기업, 양쪽에서 논의를 거듭하며 고민한 결과를 포함하고 있습니다.

중국에서는 더 이상 말할 필요가 없을 정도로 디지털 기점에서 비즈니스를 생각하고 있습니다. 중국에서는 오프라인이 없어지고 애프터 디지털 사회가 되면 '온라인이 기점이자 베이스이다.', '실제 채널은 보다 깊게 의사소통할 수 있는 귀중한 장소이다.'라는 것은 당연하다고 생각하고 있습니다. 중국에서는 이미 OMO가 당연하기 때문에 2018년 후반에는 잘 사용하지 않는 용어가 되었습니다.

한편, 일본 기업에서는 '실제로 고객과 접점이 있고, 가끔 온라인에서 만날 수 있다.'라고 한 비포 디지털적인 파악법에 머무르고 있습니다. 이런 배경에서 볼 때 중국에서는 단순히 온라인과 오프라인의 융합이라고 표현하면 의미하는 내용이 전해지는데, 비포 디지털에서 벗어나지 못한 일본에서는 '디지털 측이 토대가 되고 있다.'는 전제 조건도 없고 디지털 접점도 아직 적기 때문에 온라인과 오프라인의 융합이라고 하면 '지금 있는 오프라인을 축으로 해서 온라인을 공유하면 된다.'라고 생각합니다.

그렇기 때문에 OMO는 온라인과 오프라인을 융합하여 일체화한 것이라는 전제 하에 이것을 온라인에서의 싸움법이나 경쟁 원리로 생각하는 디지털 성공 기업의 사고 방식으로 파악하는 것이 필요합니다. 표현을 조금 바꿔 보면 '온라인과 오프라인은 융합해서 경계가 없어지고 어디에서나 온라인화 상태가 되기 때문에 디지털 기점의 사고 방식이 필요하다.'가 됩니다.

왜 온라인 기업이 오프라인 매장을 여는가?

제가 OMO라는 말을 처음 들은 것은 2017년 12월이었습니다. 모 일본계 자동차 제조사와 함께 시찰 팀을 구성하여 중국에서 유명한 자동차 업계의 온라인 매체인 비트오토(易車)를 방문했을 때의 일입니다. 방문하기 전에는 비트오토를 온라인 카 미디어라고 생각하고, 일본 미디어 카센서로 대표되는 신차, 드라이브, 개조 정보 등을 게재하고 있는 서비스 운영사인 줄 알았는데 막상 실제로 방문하니 전혀 아니었습니다. 비트오토 전략 부문 담당자 분이 도표 2-4를 참조해 자사를 소개하면서 이런 이야기를 한 것입니다.

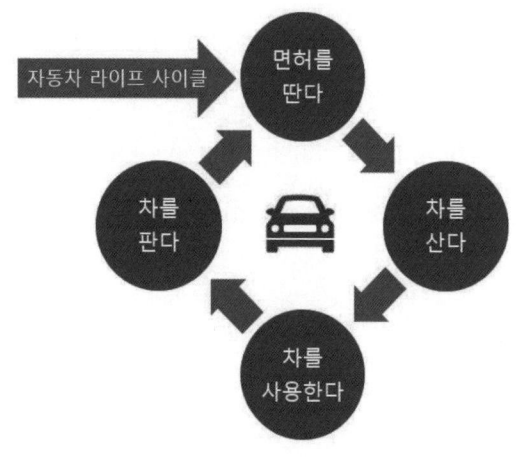

[도표 2-4]

"저희가 하고 싶은 것은 이러한 도표와 같습니다. 면허를 딴다, 차를 산다, 차를 사용한다, 차를 판다, 그리고 다시 사는 과정으로 돌아간다, 이를 저희는 고객 중심의 자동차 라이프 사이클이라고 부릅니다. 이 자동차 라이프 사이클의 모든 것을 데이터로 밝히고 이를 이용해 보다 고객 중심의 카 라이프를 제공하는 것이 저희가 책임지려는 역할입니다. 이를 위해 해당 도표에 등장하는 여러 기업에 투자하거나 제휴하고 있습니다."

비트오토는 자동차 라이프에 관련된 에코 시스템을 만들고 있는 플랫폼 플레이어였다는 것입니다. 예를 들어 세차나 주차, 자동차 보험, 사용자의 운전 이력을 기록하는 앱이나 면허에 관한 서비스 등에 투자와 제휴를 하고 있었습니다. 그리고 다양한 서비스로부터 얻은 데이터를 서비스 개발이나 컨설팅에 활용하고 있으며, 비트오토의 자회사인 데이터 컨설팅 회사는 이미 약 70%의 자동차 제조사가 의지하는 기업으로 성장하고 있다고 합니다.

회사를 방문했을 때 시찰 팀이 질문을 하나 했습니다. 사전 정보로 비트오토는 실제 매장을 내고 있으며, 점포에서는 B to C(Business to Consumer) 전용의 상담에도 대응하는 카·컨설팅 서비스와 함께 차에 관한 유지 보수품을 판매하고 있는 것을 알고 있었습니다. 이에 관하여 이해가 잘 안 가던 저희 시찰 팀은 이렇게 물었습니다.

"귀사는 온라인 기업인데, 이제는 실제 점포를 갖고 있고 유지 보수 제품을 팔거나 to C 대상 컨설팅을 제공합니다. 온라인 기업이 왜 비용과 자원이 드는 오프라인 매장을 낼까요? O2O 전략이 있다면 구체적으로 알려주세요."

그러자 비트오토 측은 조금 난처한 표정을 지으면서 이렇게 대답했습니다.

"온라인과 오프라인 그렇게 둘로 나누어 생각하지 않습니다. 원래 그렇게 나누는 사고 방식은 기업 입장의 관점이라고 생각합니다. 지금의 시대는 **OMO라고도 하듯, 온라인과 오프라인은 이미 융합되어서 하나라고 생각하는 게 당연한 것이고, 고객도 둘로 보지 않고 그때 그때 가장 편리한 방법을 택하고 싶을 뿐입니다.**"

이 말을 들은 저희 일본 시찰 팀은 고객 중심으로 숭고한 말을 하는 것처럼 들렸고, 이제 와서 다시 생각하면 당시 사고 방식이 비포 디지털이었기 때문에 그 의미가 가리키는 바를 이해하지 못했습니다.

그런데 다음 날, 다른 기업을 방문했을 때 똑같은 말을 들었습니다. 전날과 같은 일본계 기업 분들이랑 같이 B to C를 위한 EC 사이트와 그 물류를 운영하는 진동(京東, JD.com)이라고 하는 회사를 방문했습니다. 무인 서비스 개발 부서를 방문하여 무인 편의점과 무인 배송 등을 보고 나서 전날과 같은 질문을 했습니다.

"온라인 기업인 귀사가 왜 오프라인 무인 편의점을 열 필요가 있을까요? O2O 전략이 있으면 알려주세요."

그러자 다음과 같은 대답이 돌아왔습니다.

"이제 O2O의 시대가 아닙니다. 사용자의 모든 행동을 데이터로 취득할 수 있는 시대입니다. **저희에게는 모바일도, PC도, 편의점도 그저 사용자와의 소통 공간 (Interface)일 뿐입니다.** 예를 들어 고객이 스마트 폰으로 물 한 병을 구입하는 것도, 무인 편의점에서 고객이 물 한 병을 구입하는 것도 누가 언제 어디서 어떤 브랜드를 구입했는지 모두 데이터로 안다면 마찬가지겠지요. 고객이 길을 가다 갈증을 느꼈을 때 근처에 편의점이 있으면 거기에서 살 것입니다. 일부러 스마트 폰으로 구입해서 집으로 배달시키지는 않을 것입니다. 고객은 온라인, 오프라인으로 일일이 구별해 생각하지 않고, **그때그때 가장 편리한 방법으로 사고 싶을 뿐이므로 저희는 다양한 선택지를 제공하는 것이 중요**하다고 생각합니다. 그 때문에 무인 편의점도 운영하고 있는 것입니다."

설마 전날과 똑같은 말을 들을 거라고는 생각지도 못했습니다. 그 이후 다양한 중국 기업을 방문하면서 '온라인과 오프라인은 매끄럽게 융합되고, 고객은 그 순간에 있어서 가장 편리한 방법으로 사고 싶을 뿐이므로 그것을 제공한다.'라는 말을 들었습니다. 예를 들면 알리바바도 같은 코멘트를 주셨습니다.

그들에게 실제 매장은 데이터 수집의 접점이며, 필요한 접점을 갖추기 위해서 고객 관점에서 생각한 결과라는 것입니다.

고빈도 데이터로 UX(User Experience)와 결과물(Product)을 고속 개선하라!

앞서 소개한 비트오토 이야기로 돌아가겠습니다. 시찰 마지막에 일본계 자동차 제조사 측이 약간 도발적인 질문을 했습니다.

"저희도 렌터카와 보험, 주차 등 여러 기업을 산하에 두고 있기 때문에 하고 있는 일은 비트오토사와 매우 가깝다고 생각합니다. 향후 중국에서의 비즈니스 전개를 생각하면 귀사와 저희는 협업해 나가는 것입니까? 아니면 경쟁해 나가는 것입니까? 앞으로를 어떻게 보십니까?"

그러자 비트오토 측은 활짝 웃으며 다음과 같이 대답했습니다.

"지금은 업계를 활성화하고 싶기 때문에 함께 비즈니스를 할 수 있으면 좋겠습니다만 결국 파워 게임이 될지도 모르겠네요. 저희가 가장 중요하다고 생각하는 것은 얼마나 고빈도 저가격으로 사용자 자극점을 많이 만들어 내고, 데이터를 취득할 수 있을까 하는 것입니다."

질문한 일본계 자동차 제조사 측이 '고빈도 저가격이라고요?'라며 고개를 갸웃하고 있자 비트오토 측은 다음과 같이 계속 말을 했습니다.

"왜 기업 측이 거기까지 데이터를 수집하지 않으면 안 되느냐면 앞으로의 비즈니스는 데이터를 가능한 한 많이 모으고, **그 데이터를 최대한 활용하여 결과물과 고객 경험을 얼마나 고속으로 개선할 수 있을지가 경쟁 원리가 되기 때문입니다.**"

이것을 들은 일본계 자동차 제조사 측은 마침내 이해가 되어서 그런지 '저희 회사가 10년 후에는 이미 없어졌을지도 모르겠네요.'라고 쓴웃음을 지었습니다. 그런데도 비트오토 측은 과감하게 '귀사도 부디 앞으로는 저희 데이터를 사용하여 상품 개발을 해 주세요. 그러면 협업 관계가 될 수 있겠네요.'라고 웃으면서 바로 대답했습니다. 정말 대단하다고 할 수밖에 없었습니다.

여기에서 이 비트오토라는 회사를 잠시 자세히 알아보려고 합니다. 비트오토에 관해서 자주 하는 질문은 '이 회사는 가지고 있는 데이터를 결과물로 돌려준다고 하는데, 그것은 컨설팅 형태로 하고 있는건가요?'라는 것입니다. 분명히 컨설팅에도 활용하고 있습니다만, 실은 이 에코 시스템에는 강력한 자동차 제조사가 들어가고 있습니다. 그것은 테슬라의 경쟁사 중 하나로 불리는 신세대 전기 자동차 'NIO'라는 제조사입니다. 사실 비트오토 사장과 NIO 사장은 같은데 바로 윌리엄 리 빈(李斌)이라는 사람입니다. NIO 자동차에는 'nomi'라는 AI 도우미가 캐릭터와 같은 형태로 탑재되어 있고, 그 컨셉 동영상을 보면 자동차 라이프의 매우 세세한 부분까지 신경을 쓰고 있는 것을 알 수 있습니다. NIO의 뒷면에는 비트오토의 자동차 라이프 경제권의 모든 데이터를 활용할 수 있는 에코 시스템이 이미 있다는 것입니다.

월리엄 리는 중국에서 유명한 모빌리티 관련 투자자로 텐센트와 진동에서도 주목하고 있습니다. 월리엄 리가 투자한 기업에 텐센트와 진동이 투자하는 경우도 볼 수 있습니다. 사실 그는 공유 자전거 모바이크의 엔젤 투자자였습니다. 그 일로 이런 소문이 있습니다. 그가 비트오토에 적용하고 있는 전략은 '최대한 데이터를 모아 그것을 활용하여 프로덕트와 UX를 얼마나 고속으로 개선할 수 있는가가 관건'이라는 것입니다. 그런데 이것은 제1장에서 언급한 '2017년 모바이크와 오포가 자전거, 앱, 재배치 구조를 고속으로 개선하여 사용자들에게 호평을 받고, 타사 고객을 빼앗아 갔다.'라는 이야기와 똑같고, 그런 이유로 '월리엄 리가 자동차 에코 시스템을 만들기 전에 자전거 업계에서 테스트 마케팅한 것 아니냐?'는 말이 나오는 것입니다. 어쨌든 저희가 비트오토 방문했을 때 받은 전략 설명은 인상적이고 게다가 경영진의 지침이 현장까지 철저히 전달되고 있다는 것을 잘 알 수 있었습니다.

OMO의 공통 기초는 '사용자 기점의 사고 방식'

OMO에서 중요한 사고 방식을 정리해 봅시다. 첫 번째로는 **채널간의 자유로운 왕래**를 들 수 있습니다. 온라인과 오프라인은 이미 융합되어 차이가 없어지고 있으며, 사용자는 상황에 따라 가장 편리한 방법을 선택하고 싶을 뿐이므로 기업 측은 전방위적으로 모두에서 접점을 가지는 비즈니스 설계를 해야 합니다. 그것이 OMO형 비즈니스의 본질 중 하나라고 할 수 있습니다. 이러한 비즈니스 전개가 가능해진 것도 실제를 포함하여 여러 가지 상황에 놓인 사용자의 행동을 데이터로 수집할 수 있는 시대가 되었기 때문입니다. 비트오토는 컨설팅을 대면으로 받고 싶어 하는 사람부터 업체로 찾아가기 힘들기 때문에 온라인으로 부담없이 컨설팅을 받고 싶어 하는 사람까지 그 모든 것에 대응할 수 있는 체제를 갖추고 있습니다. 점포에서는 고객이 가게에 들어오는 순간 카메라의 얼굴 인식 기능을 사용하여 담당 직원의 스마트 폰에 '이 손님은 ○○○ 씨이고 최근 검토 상황은 이렇다.'라는 정보가 제공된다고 합니다.

두 번째는 '**데이터를 사용자 경험과 결과물로 되돌리는 것**'을 들 수 있습니다. 일본 기업은 속성 데이터를 사용자에게 회답시켜 놓고도 제대로 사용하지 못하거나 업 셀(Up Selling)이나 크로스 셀(Cross Selling) 정도 밖에 활용하지 못하는 상태입니다. 중국 기업들은 행동 데이터를 최대한 활용하여 사용자들이 플랫폼에 오래 머물게 하려고 최선을 다해 추진하고 있습니다. 그 때문에 취득된 데이터를 결과물과 사용자의 체험에 환원하여 보다 좋은 체험으로 사용자에게 되돌려주지 않으면 이길 수 없다고 생각하고 있습니다. '판매나 효율화에 사용하지 말라.'는 것이 아니라 취득한 데이터를 바탕으로 하여 더 나은 것으로 사용자에게 돌려주는 것을 가장 중요시해야 한다고 생각하는 것입니다. 배경으로 '애프터 디지털의 세계에서는 그렇게 하지 않으면 곧 고객 접점이 없어지고 데이터를 취득할 수 없게 되어 간다.'라는 경쟁 원리의 한끝을 나타내고 있다고 할 수 있습니다.

세 번째로는 '**실제도 포함한 고속 개선**'이라는 포인트를 들 수 있습니다. 고속 개선이라는 것은 매우 온라인 적이고, 디지털 마케팅에 관심이 있는 분이라면 잘 알고 계신 개념이라고 생각합니다. 웹 사이트나 배너 등에 사용할 이미지를 제작할 때 두 패턴을 제작하여 어느 쪽이 보다 좋은 성과를 낼 수 있는가?

를 검증하는 AB테스트나 문제가 발견되면 즉시 대응하여 다음 날 성과를 검증하는 고속 PDCA와 같은 방법은 온라인이기 때문에 가능한 속도입니다. 결과물과 고객 체험을 '고속 개선한다.'는 발언 중에는 디지털에 싸인 리얼 접점이라는 구조가 전제로 되어 있어 이러한 온라인 측 사고 방식으로 결과나 가게 구조의 고속 개선도 실시해 나가는 것이 OMO적인 사고 방식이라고 할 수 있습니다. 실제 접점이라도 마치 웹 사이트의 사용자 행동과 같이 데이터를 취득하여 그것들을 활용해야 한다고 하는 것이 본질입니다. 물론, 결과의 고속 개선에는 많은 투자가 필요하기 때문에 균형을 잡을 필요가 있습니다.

이렇게 세 가지를 정리해 보면 세 가지 모두 사용자 지향, 고객 눈높이의 사고 방식임을 잘 알 수 있습니다. 여기까지 이 책의 사례로서 주로 설명한 것은 중국 기업입니다. 여러분의 이미지로 고객 지향과 중국이라고 하는 두 키워드가 연결되는 일에 어색한 느낌을 가지셨을지도 모릅니다만, 일본과 중국 양국에서 비즈니스를 하고 있는 저로서는 애프터 디지털 이행 후의 중국은 일본보다 '더 사회를 편리하게 하자.', '가치나 편리성, 성과 보수를 고객에게 돌려주자.'라고 깊이 생각하는 것처럼 보입니다. O2O라는 것은 '채널을 연결하여 고객을 보낸다.'라고 하는 기업 관점의 개념이었지만 OMO는 '고객 입장에서 보면 융합하고 있는 쪽이 편리하다.'라는 고객 관점의 개념입니다. 그것이 본질적으로 다릅니다.

2-3
EC는 이윽고 사라진다

여기까지 'OMO란 무엇인가?'에 대해서 이야기를 했습니다. 알리바바의 잭 마는 '10년, 20년 후 미래에는 EC(E-Commerce, 전자상거래)가 없어지고 대신 새 소매점이 나올 것이다. 이것은 오프라인, 온라인과 물류의 융합이다.'라고 이야기를 했습니다. 그가 뜻하는 것은 온라인과 오프라인을 사용자가 구분하지 않게 되고, 기업 측도 판매나 물류를 이런 논리로 나누지 못하게 된다는 것입니다. 확실히 디지털 기점의 시대가 되는 것을 감안하면 굳이 'e=전자'를 붙일 필요가 없어지는 것은 쉽게 상상할 수 있을 것입니다. 여기에서는 OMO의 사례와 함께 그 세계관을 공유할 수 있으면 좋겠다고 생각합니다.

알리바바의 OMO형 온라인 슈퍼 '후머'

현재 중국에서 OMO형 비즈니스로서 인기를 끌고 성공도 이끈 가장 알기 쉬운 사례는 알리바바가 운영하는 중국의 '후머'라는 OMO형 슈퍼마켓입니다. 후머의 구체적인 사례에서 배운 것을 자세히 살펴보도록 하겠습니다.

후머는 2016년부터 전개되고 있는 EC 기능을 가진 신선 식품 슈퍼마켓입니다. 중국 국내에서 2018년 말의 목표였던 60 점포를 크게 넘어 100 점포 넘게 열고 있습니다. 온라인과 오프라인 모두 주문 및 구매가 가능합니다. 알리바바는 후머를 OMO라고 명명하지는 않았고 뉴 리테일이나 온라인과 오프라인의 융합이라는 말을 쓰고 있는데, 실제로 이렇게까지 온라인과 오프라인이 연동된 점포는 세계적으로도 사례가 없고, '아마존 GO보다 실용적이고 전개가 빠르다.'라며 지금 세계 각국의 시찰단이 찾아가고 있습니다.

후머의 UX란

후머의 가장 큰 특징은 높은 편리성과 신선하고 풍부한 식재료를 고객에게 재빠르게 보내는 구조입니다. 온라인으로 주문하면 **후머 점포의 3km권내에 서라면 30분내에 배송해 준다는 높은 편리함이** 소비자에게 큰 도움을 주고 있습니다.

후머의 점포 내에 들어서면 놀라운 광경이 몇 군데 눈에 들어옵니다. 먼저 직원이 무척 많다는 것을 알게 됩니다. 직원은 실제 점포를 방문한 고객에게 대응할 뿐만 아니라 전용 단말기를 가지고 있어 온라인에서 끊임없이 들어오는 주문을 단말기로 받아 주문받은 상품을 진열대에서 픽업하고 있습니다. 휴대 단말기로 온라인 주문을 확인하고, 상품을 하나씩 바코드에 스캔하면서 전용 배송 가방에 담아 갑니다. 이 픽업 시간은 3분으로 정해져 있다고 합니다.

전용 가방에 상품을 다 담아 벽에 비치된 걸이에 걸어 둡니다. 벽에서부터 천장까지는 전용 가방용 컨베이어가 움직이고 있고, 걸이는 그 컨베이어를 사용해 천장까지 올라가서 점포 안을 통과하고, 백야드를 지나 가게 뒤에 있는 배송 센터까지 도착합니다. 여기까지 걸리는 시간은 약 5분! 배송 센터에는 배달 전용 운전 기사가 많이 대기하고 있고, 운전 기사는 나머지 25분 안에 배달하기 때문에 30분 안에 물건이 도착하는 셈입니다.

대부분의 고객은 처음에 배송의 편리함을 이유로 온라인 주문을 한다고 하는데, 후머의 실제 매장이 동네에 있는 것을 알면 한 번은 매장에 방문해 본다고 합니다. 그리고 직접 와보면 천장을 달리는 배송 가방과 신선도가 높은 상품, 해산물 코너 등이 함께 마련된 푸드 코트에 놀랍니다. 활어 수족관에는 많은 활어들이 헤엄치고 있고, 옆 푸드 코트에서는 갓 조리한 해산물 요리를 먹을 수 있습니다. 물론 해물 요리뿐만 아니라 일반 푸드 코트처럼 다양한 가게가 즐비합니다(도표 2-5).

[도표 2-5]

EC에서는 재료의 신선함이나 상태를 눈으로 확인할 수 없기 때문에 생(生)해산물을 구매하는데 거부감이 있는 사람이 대부분이라고 생각합니다. 하지만 후머 푸드 코트의 활어 코너에서 직원이 잡은 활어를 바로 조리해 먹는 모습을 눈으로 보면 '이 생선이 30분 후에 집에 오는 것뿐이야.'라고 생각하기 때문에 다음부터는 온라인으로도 생선류를 주문하게 됩니다.

후머에 있는 실제 점포의 컨셉은 '식품 EC 창고에 고객이 입장할 수 있다.'라는 형식을 취하고 있습니다. 하지만 그뿐만 아니라 슈퍼마켓이기도 하고, 신선 식품 EC 창고이기도 하고, 배송 센터도 겸하고 있는 동시에 신선 식품 실연 판매 장소이기도 하고, 레스토랑이기도 합니다. 이러한 기능을 중복하여 가지고 있기 때문에 따로 만드는 것과 비교하면 컴팩트하고 비용을 줄이고 있는 것입니다. 온라인과 오프라인 쌍방의 좋은 점을 조합하여 복수 기능을 효율적으로 갖춘 슈퍼마켓입니다.

여기까지 후머의 특징을 이해할 수 있었다고 생각하고 다음은 사용자 측에서 본 장점을 설명하겠습니다. 여기에서도 '고객은 그때그때 가장 편리한 방법을 선택하고 싶을 뿐'이라는 생각이 크게 적용되고 있습니다. 후머 매장으로부터 3km 이내라면 고객은 어디에 있어도 스마트 폰으로 주문하고 30분이면 상품이 배송됩니다. 일본의 온라인 슈퍼는 '전날 밤 11시까지 주문 접수를 마쳐야 한다.'라는 경우도 있습니다만 후머는 집에 돌아갈 때 '오늘은 이것을 만들자.' 또는 '이것을 먹자.'라고 생각한 것을 주문하고, 귀가하면 거의 동시에 상품이 도착하는 쇼핑 체험을 할 수 있습니다. 어떤 사람은 회사에서 돌아오는 길에 점포에 들러 실제로 상품을 눈으로 확인 후 구입해서 집으로 무료 배송을 시키고, 자신은 빈손으로 귀가해서 30분 후에 집으로 배송된 상품들을 수령하는 사람도 있습니다. 확실히 '**선택 방법을 융통성 있게 제공하고 있다.**'고 할 수 있습니다.

게다가 모든 구매가 앱에 집약되어 있기 때문에 해당 구매 데이터를 사용하여 개인에게 최적화된 추천 상품이나 할인 쿠폰이 앱 화면에 제시됩니다. 직접 매장에 가서 상품을 구매하는 경우에도, 푸드 코트에서 조리하여 레스토랑에서 먹을 때도, 온라인 배달도, 그 모든 사용자의 행동은 후머 앱을 통해 이루어지며, 결제도 앱 안에서 모든 것이 완료되는 구조로 되어 있습니다. 이제는 '후머 점포의 3km권 내 주택 가격이 오르고 있다.'라는 얘기가 들릴 정도로 중국 도시 지역에 사는 사람들에게 없어서는 안 되는 존재가 되어 있습니다.

후머를 제공하고 있는 알리바바의 UX 담당자에게 이야기를 들어보니 **후머는 리테일테인먼트(Retailtainment)를 중시해서 만들었다**고 합니다. 소매(Retail)와 오락(Entertainment)을 혼합한 조어입니다만, 말 그대로 후머는 점포를 높은 효율성을 갖추면서 오락성이 높은 가게로 만들고 있습니다. 예를 들면 이미 설명한 '벽이나 천장에는 온라인 주문용 전용 가방이 매달린 컨베이어가 움직이고 있다.'라는 것도 실제로는 온라인 주문용 구조를 일부러 고객 눈에 띄게 할 필요는 없을 것입니다만, 공장 견학과 같은 시각의 즐거움을 도입하고 있는 것입니다. 가게 중앙에 거대한 활어조를 설치하여 대게나 바닷가재를 산 채로 전시 판매하고 조리하여 제공하는 것도 시각적으로 즐거운, 마치 작은 수산 시장에 온 듯한 현장감을 줄 수 있습니다. 게다가 그 자리에서 조리해 주고, 또 유리 너머로 조리 모습을 볼 수도 있습니다. 이러한 체험을 하고 나면 다음부터는 신선 식품도 안심하고 온라인으로 주문할 것입니다. 이것이 잘 만들어진 구조로 바로 리테일테인먼트입니다. 애프터 디지털에 있어서 리얼 접점의 역할인 체험 가치나 감정 가치를 그대로 실현하고 있는 점포 설계라고 할 수 있을 것입니다.

성공을 지탱하는 기술

다음으로 후머의 이면 구조에 눈을 돌리려고 합니다. 우선 주목해야 할 것은 일반적인 공급의 연쇄적 과정(Supply-Chain) 개념과는 달리 **고객 지향으로 서플라이 체인을 재구축하고 있는 것**입니다. 30분 만에 배송이 가능한 오퍼레이션이나 보기 즐거운 구조가 우선인 가게가 만들어진 것도 그렇지만, 그것뿐만이 아닙니다. 후머에서는 실제 매장을 방문한 사람이나 온라인 사용자나 앱을 통해 주문부터 구입까지 완결됩니다. 사용자 한 사람 한 사람이 보고 있는 화면이나 거기서 소개되고 있는 상품은 모두 AI에 의해서 개별 최적화되고 있어 사용자마다 상세한 데이터를 활용한 개별화가 실현되고 있습니다. 방대한 구매 데이터를 통합하여 점포마다 진열대 상품 구성이나 재고를 바꾸고 있다고 합니다. 즉, 그 지역에 살고 있는 사람들의 요구에 최적화된 상품을 구성하는 것인데, 예를 들어 북경이라면 훠궈(火鍋) 관련 식재료를 많이 진열하는 것으로 모든 점포에서 획일적인 상품 전개를 하지 않는다는 것입니다.

재고 관리에는 빅 데이터를 활용하여 과잉 재고는 거의 없다고 합니다. 예를 들어, 신선 채소라면 농가와 정보를 공유하고, 날마다 수확량과 다음에 심을 품목까지 꼼꼼하게 조정하고 있습니다. 사용자 요구를 중심으로 이에 응할 수 있도록 점포 설계나 시스템 설계, 매입을 실현하고 있습니다. 일반 소매업과는 사고 방식이 전혀 다르다는 것을 알 수 있습니다. 2018년 가을의 발표에서는 초창기에 출점한 후머는 하루 1억3000만원에 가까운 매출이 있어 전체를 통틀어 봐도 적자 점포는 거의 없다고 합니다.

후머의 점포를 출점한 초기에는 온라인 매출 80~90%, 점포 매출 10~20% 였다고 합니다만, 점점 고객이 체험 가치를 깨닫고 놀러 오게 되어서 최종적으로는 점포 매출이 40% 정도까지 올랐다고 합니다. 모든 게 온라인이 되는 건 아니고, 물론 오프라인뿐만 아니라 두 가지가 서로 융합된 세계라고 생각하면 40%라는 숫자는 애프터 디지털적인 세계관을 나타내고 있는 것 같기도 합니다.

일본에서도 가능한 비즈니스 모델인가?

'일본에서도 후머를 따라할 수 있는가?'라는 질문을 일본의 소매업계에서 자주 듣습니다. 이에 대해 한 번 제가 알리바바 임원에게 '후머는 얼마나 계획적으로 이익을 올리고 있나요?'라고 물은 적이 있습니다. 그 때 돌아온 말은 '원래 가게를 내는 시점에서 거의 승산이 있는 것을 알고 있으니까.'라는 것이었습니다.

이 말의 뜻을 이해하려면 후머를 다루는 알리바바를 이해해야 합니다. 알리바바는 중국 국민 약 절반에 해당하는 사용자 수의 온라인 구매 데이터를 소지하고 있습니다. 자회사가 제공하는 알리페이를 포함하면 오프라인 구매 데이터도 국민의 절반 정도를 가지고 있습니다. 게다가 알리바바의 투자처나 거래처로부터 얻는 사용자 소비 행태나 이동 데이터를 포함하면 어디에 어떤 사람들이 살고 있고, 어떤 생활을 하고 있는지를 밝혀낼 수 있을 정도의 방대한 데이터를 가지고 있다고 할 수 있습니다. 우선 이러한 사실을 머리 속에 새겨둘 필요가 있습니다.

후머가 점포를 낼 때는 그 데이터를 사용하여 입지 조건을 선정하는 것입니다. 소비 금액이 높은 주민이 살고 있고, 가능한 한 사무 구역이 포함되는 지역을 선정하고 있습니다. 주요 목표로 주력하고 있는 것이 '25세에서 35세의 기혼 여성으로 가격보다 식재료의 신선도나 품질을 우선하는 경향이 있는 소비자가 모이는 지역'이라고 합니다. 그 외 교통량이 많은지, 신선 식품의 온라인 소비율이 높은 지역인지까지 확인하고 있습니다.

여기까지 설명한 것은 잘 알려져 있는 사실이라 후머 모델을 복사하여 출점할 수도 있으며, 이제 중국 도시에서는 30분 이내 배송이 기본이 되었습니다. 그래도 후머는 타사보다 빠르게 넓은 장소를 확보하여 성공하고 있습니다. 그 이유는 구매 데이터나 이동 데이터를 바탕으로 한 고객 기호성 데이터나 지불 능력 데이터를 가장 많이 보유하고 있으며, 또한 그 데이터를 활용하기 위한 AI를 비롯한 이면 구조가 있기 때문이라고 할 수 있습니다.

알리바바는 후머의 사업 모델을 뉴 리테일 모델로 삼아 세상의 기본으로 하려고 합니다. 모델의 외판(外販)을 통한 데이터 마케팅을 노리고 있으며, 이러한 모델이 보편화되었을 때 구매 데이터를 가장 많이 가지고 있는 알리바바의 데이터를 사러 기업들이 모여드는 구조를 목표로 하고 있는 것으로 보입니다. '그럼 따라할 수 있는가?'라는 질문에 대답한다면 알리바바가 주창하는 뉴 리테일 모델을 따라하기는 가능하지만 그것은 비포 디지털적인 사고 방식대로 외부에서 보이는 구조를 복사하고 있을 뿐이고, 알리바바처럼 성공하려면 애프터 디지털적으로 생각해야 가능하다고 할 수 있습니다.

2-4
잇달아 뒤집히는 기존 업태

다음으로 OMO형 비즈니스 융성에 따라 든든했던 대형 체인의 입장이 흔들린 사례를 들어보겠습니다.

스타벅스 중국 매출 변화로 보는 OMO형 게임 체인지

스타벅스는 중국 시장에 상당히 주력하고 있으며 2018년 가을 단계에 14억 명 시장에 있어 141개 도시에 3,300개 점포를 전개하고 있습니다. 향후의 전망에 대해도 2018년 5월 발표에서는 2022년까지 매년 600 점포를 늘려 합계 6,000 점포를 목표로 한다고 발표하고 있습니다. 커피콩 볶는 시설이 병설된 스타벅스 리저브 로스터리(2018년 봄까지는 세계에서 미국 시애틀에만 있던 매장)를 상하이에 만들고, 2018년 6월에는 배전소(焙煎所)가 딸린 매장을 제외하면 세계 최대의 매장을 베이징에 오픈했습니다. 상하이에 사는 저의 피부 감각으로는 스타벅스뿐만 아니라 카페 자체가 늘고 있는 인상이 있으며, 중국 산업정보넷에 따르면 카페 시장은 원래 규모가 작기도 해서 2018년 시점에서 시장 규모 확대율은 연 25% 이상(세계 수준의 10배)이라고 합니다.

다만, 중국 스타벅스사의 사업은 2018년에 이르러 어려워진 것 같습니다. 로이터 통신 2018년 7월 31일자 뉴스에 따르면 '3분기(7월 1일까지) 결산은 중국 기존 점포 매출액이 2% 감소해서 전년 동기의 7% 증가로부터 크게 침체했다.'라는 것입니다. 예상에 못 미치는 것을 인정하고 종내 알리바바와 제휴하여 배송과 빅 데이터 활용에 주력하겠다고 밝혔습니다.

이러한 비즈니스 현황은 중국에 살면서 커피를 좋아하는 제 생활에서도 느껴집니다. 원래 저는 하루에 두 번은 스타벅스에 다니는 단골이었지만 지금은 일주일에 두세 번 가는 정도입니다. 왜 그런 식으로 변했는지를 사용자와 마켓 변화가 교차하는 시각에서 살펴보면 거기에는 OMO형 비즈니스의 융성이 관련되어 있습니다. 인식해야 하는 전제로서 모바일 결제가 일반화되면서 모든 결제를 스마트 폰으로 할 수 있게 되었으며, 도시에 싼 임금이 어느 정도 집중되어 있는 것과 함께 음식 배달 서비스가 순식간에 퍼진 것을 들 수 있습니다. 일본에도 비슷한 서비스는 있지만 일본에서는 생각할 수 없을 정도로 급속히 퍼지고 있습니다. 중국 도시 지역에서는 시중의 거의 모든 업소가 서비스에 등록되어 있으며, 배달 서비스 앱을 이용하지 않은 사람이 거의 없다고 생각될 정도로 널리 사용되며, 이제는 식사 인프라처럼 되어 있습니다.

스타벅스는 이러한 배경을 알고 있었기 때문에 지금까지 중국에서는 배달 서비스에 손을 대지 않았습니다. 제3의 장소(Third place)라는 포지셔닝, 배달과 커피 종류 상품과의 궁합(식는다, 얼음이 녹는다, 거품이 없어진다.) 등 여러 가지 관점에서 생각해 본 결과일 것입니다. 2017년은 그래도 잘 되다가 2018년에 이르러 상황이 크게 변화합니다. 무슨 일이 일어났을까요?

배달이 일으킨 마이크로 비즈니스의 난립

최근 몇년간 중국에서는 어러머(餓了麽)나 메이투안(美団)과 같은 배달원의 네트워크를 제공하는 비즈니스가 급속히 확대되고 있습니다. 레스토랑 눈높이로 보면 이 구조는 '**각 점포가 배달원을 고용할 필요가 없고, 게다가 바쁜 시간대에도 좌석 수나 회전 수와 관계없이 고객을 확보할 수 있다.**'는 것을 의미합니다.

그런 상황을 배경으로 도심에는 스탠드형 가게가 증가하고 있습니다. 스탠드형이라고 하는 것은 점포 안쪽에 고객용 좌석이 없고, 카운터와 주방만의 좁은 가게를 말합니다. 이 정도까지 디지털 서비스가 침투하면 식사 공간을 가지는 것에 큰 의미는 없어집니다. 회전율이라는 제한에서 벗어나 주변에 있는 집과 사무실 모두에게 상시 문이 열려 있는 형태입니다. 오히려 중요한 것은 오퍼레이션, 즉 '주문이 오고 나서 얼마나 빨리 상품을 준비할 수 있는가?'입니다. 왜냐하면 배달 주문을 하는 사용자는 집에서의 거리에는 관심이 없고 몇 분만에 배달이 되는지를 중시하기 때문입니다. 그렇게 되면 어쨌든 입지 조건이 중요해집니다. 사람이 많은 곳에 매장을 차리면 가게 이름을 인지하거나 지나가던 사람이 사 주기도 합니다. 주택 밀집지라면 반경 3km 내에 사는 사람 수는 많아지지만, 만약 일방 통행 도로 변이라면 배달 속도가 늦어진다는 식입니다. 입지 좋은 곳은 물론 임대료도 비싸고 그 동안 카페가 그런 곳에 가게 내기는 어려웠는데, 식사 공간을 가질 필요가 없어졌기 때문에 그야말로 2평 정도밖에 안 되는 작은 스탠드형 가게도 운영이 가능해지며 공간 절약, 소자본 출점이 가속화 되었습니다.

그러한 환경 변화에 따라 제 생활에 무슨 일이 일어났는지 설명해 드리겠습니다. 회사에서 200m정도 거리에 스타벅스가 있기 때문에 예전에는 매일 아침 거기에서 커피 한 잔을 사서 회사에 들어가고, 낮이 지나서도 한 잔 더 살 수 있었습니다. 늘 사는 것은 소이 라떼 그란데, 31위안(약 5,000원)입니다. 그러다 이러한 소비 행동은 변화하여 회사 지하 1층에 생긴 Narrow Gate라는 가게를 이용하게 되었습니다. 1평 정도밖에 안 되는 아주 좁은 스탠드형 가게지만 신념이 있는 주인이 운영하고 있으며 솔직히 에스프레소는 스타벅스보다 훨씬 맛있고, 톨 사이즈가 20위안(약 3,400원)으로 맛좋은 커피를 싸게 제공합니다. 사무실에서 엘리베이터를 내리면 바로 가까운 곳이기 때문에 하루에 3번은 이용하고 있습니다. 한 잔 20위안으로 총 60위안(약 10,200원)입니다.

배달 서비스(배달원의 네트워크)가 훌륭했기 때문에 점포는 공간 절약형이라도 무관하고, 그렇기 때문에 좋은 입지에 진출하기 쉬워지고 맛에 주력하게 된 것입니다. 이러한 커피 스탠드형 마이크로 비즈니스가 난립함으로 스타벅스는 고객을 빼앗기고 있습니다. 이외에도 여러 요인이 있겠지만, 확실히 이것은 스타벅스 매출을 떨어뜨리는 한 원인이라고 생각합니다.

온라인과 오프라인 상관없이 '자유로운 선택지'

카페 비즈니스는 더욱 변화하고 있습니다. OMO형이라고도 할 수 있는 카페가 락킨 커피(Luck in Coffee)입니다. WBC라는 커피 콘테스트에서 상을 받은 아라비카종 콩을 사용하고 있다는 선전 문구대로 품질이 높다고 알려져 있고,

실제로 맛도 훌륭합니다(저의 주관입니다만 '매우 맛있다.'라고 할 정도는 아닙니다). 2018년 한해 동안 매장 수를 무려 1,600개까지 늘렸으며, 이 중 대부분 가게에 좌석이 없고 픽업과 배달에 특화된 가게입니다.

그 특징적인 이용 방법을 설명하겠습니다. 우선 앱 안에서만 살 수 있고, 앱을 다운받으면 공짜 커피 이용권을 한 장 줍니다. 새로운 형태의 매장이고, 게다가 맛있는 것 같다고 하면 모두 시험 삼아 앱을 다운합니다. 주문 방법에는 배달과 픽업 두 가지가 있습니다. 직접 가지러 갈 경우, 구입 후 발급되는 번호가 붙어있는 QR 코드를 가게에서 보여주기만 하면 됩니다. 그래서 가기 직전에 주문해 놓으면 바로 픽업할 수 있고, 가게에 도착한 후 친구와 함께 앱에서 상품을 선택하고 그 자리에서 주문하는 것도 가능합니다.

결제 방법도 두 가지 선택할 수 있습니다. 그냥 모바일로 결제하는 것과 커피 티켓을 미리 구입하는 것입니다. 커피 티켓은 2장 사면 1장 공짜, 5장 사면 5장을 공짜로 받을 수 있습니다. 비비트 상하이의 총무 담당은 커피를 주문할 때를 대비해 티켓을 어느 정도 한꺼번에 사두고 있습니다. 맛있는 커피를 반값에 마실 수 있고, 경비도 남는다는 것입니다. 게다가 융통성이 있어 타인에게 한 잔 사주거나 픽업을 대신 부탁하는 일도 간단하게 할 수 있습니다. 구입하면 발급되는 QR 코드는 다른 이용자와 쉽게 공유할 수 있습니다. QR 코드를 다른 사람에게 보낼 수 있기 때문에 선물해 주거나 대신 커피를 가져다 주거나 할 수 있습니다.

한편, 점포 입장에서 보면 어쨌든 번호표 순서대로 주문한 커피를 만들고 있습니다. 고객이 와서 번호를 부르기도 하고, 배달원이 와서 부르기도 합니다.

종업원에게 있어서는 구별할 필요없이 번호대로 만들어서 번호를 부르는 사람에게 전달만 하면 됩니다. OMO의 핵심은 오퍼레이션의 간소화에도 있습니다.

라킨 커피의 등장으로 저의 커피 생활은 한층 더 변화했습니다. 먼저 사무실에 있다가 다같이 음료를 시킬 때 지금까지는 대만식 밀크티를 배달로 주문하거나 스타벅스까지 사러 다녔는데, 이런 습관들은 모두 락킨 커피로 바뀌었습니다. 게다가 아침만이라도 밥을 먹고 싶다는 이유로 건물 아래 Narrow Gate가 아닌 아침 식사도 제공하는 락킨 커피로 바꿔서 매일 사용하므로 커피 티켓이 끊임없이 쌓이고 있습니다.

코너로 몰린 스타벅스의 다음 움직임

중국 스타벅스사의 기사 회생의 묘수는 알리바바와의 제휴 전략으로 2018년 말 현재 다음의 두 가지가 발표되었습니다.

❶ 어러머 배달로부터 스타벅스 전용 배달을 확보한다

이것은 빠른 제공 속도를 의미합니다. 배달 서비스인 어러머의 배달원은 보통 '30분 안에 배달하면 된다.'라고 생각하기 때문에 한 건씩 물건을 받아서 배달하는 것이 아니라 여러 배달 주문 건을 동시에 처리하려고 합니다. 결과적으로 30분 가까이 시간이 걸리는 셈입니다. 그래서 스타벅스는 전용 배달원을 확보하고 커피가 만들어지면 다른 곳을 경유하지 않고 즉시 직행한다는 것입니다. 이전보다 단시간에 배달됩니다. 이 서비스는 이미 시작되었습니다만, 그렇게까지는 이용되고 있지는 않은 것 같습니다.

❷ 후머에서 스타벅스를 주문할 수 있도록 한다

알리바바가 크게 성공한 OMO형 슈퍼마켓 후머 안에 스타벅스를 만들어서 다른 상품과 함께 주문할 수 있게 되었습니다. 인기 많은 후머 내부에서 상품을 제공할 수 있기 때문에 다른 신선 식품을 주문할 때 겸사겸사 시킨다는 등 매일 접점을 가질 수 있을 것입니다. 이러한 대처를 여러분은 어떻게 생각할까요? 논리적으로는 지금까지 할 수 없었던 배달이 가능하게 되어 고객과의 접점도 증가하고 있습니다. 그러나 앞서 설명한 카페의 상황 변화(마이크로 비즈니스의 난립과 OMO형 카페의 등장)에 대해 이와 같은 묘수는 새로운 가치 제공을 못하고 있습니다. 개인적으로는 스타벅스 자체가 할인(Discount)이라는 중국 문화에 적응한 후에 OMO되어야 비로소 제대로 싸울 수 있지 않을까 생각합니다.

급격히 매장을 늘리고 있는 락킨 커피는 시민들로부터 호평을 받고 있지만 아직 사업적으로 큰 적자를 보고 있고, 투자를 계속하면서 유지하고 있는 비즈니스입니다. 앞으로 잘 될지 어떨지는 아직 알 수 없고, 공유 자전거인 오포의 전철을 밟지 않을까 하는 의견도 있습니다. 그러나 진입 장벽은 공유 자전거만큼 낮지 않고, 1,600개씩이나 점포를 만들면 적자가 나는 것은 당연하므로 앞으로는 이익을 내려고 최선을 다할 것입니다.

여기에서 눈여겨볼 것은 세계 유일의 스타벅스지만 애프터 디지털 세계에서는 창립한지 단 1년도 안 된 OMO형 기업에 뒤지고 있다는 사실입니다. 그 일은 확실히 이해해 둘 필요가 있습니다.

2-5
일본 기업에서 흔한 사고 방식의 나쁜 사례

> **사고 방식의 나쁜 사례(1)**
> **'효율과 기술(Technology) 중심의 무인화'**

일본 기업과 중국 기업의 사고 방식 차이가 여실히 드러난 예로 일본의 한 대형 소매 업자와 함께 중국의 무인 편의점을 운영하는 회사 Jian24를 방문했을 때의 이야기를 소개합니다. Jian24는 상하이에 설립된 기업으로 기술을 활용한 무인 편의점 사업을 전개하고 있습니다. 흔히 있는 무인 편의점은 상품에 RFID 태그가 붙어 있고 게이트를 통과하면 결제가 되거나 스마트 폰 앱으로 상품 바코드를 스캔하는 것으로 결제를 하기도 합니다만, Jian24는 이러한 구조와는 달리 모두 매장 내 카메라의 화상 인식으로 진행됩니다. 가게에 들어가려면 인증이 필요하고 고객은 앱을 열어 얼굴 인증과 스마트 폰 앱의 바코드를 함께 스캔하고 인증되면 문이 열립니다. 안에 들어가서 사고 싶은 것을 가지고 나갈 때 다시 얼굴 인증과 스마트 폰 바코드를 대면 가게에서 나올 수 있습니다. 그러면 몇 초 후에 '당신은 이 상품을 구입했습니다.'라고 스마트 폰에 결제 알림이 오는 시스템으로 되어 있습니다. 모든 행동은 가게 안의 카메라에 포착되어 상품을 손에 들고 밖으로 나가기만 하면 쇼핑은 완료됩니다.

Jian24에 방문해 '향후 이 비즈니스를 어떻게 확대할 예정입니까?'라고 질문했습니다. 그러자 '무인 편의점을 확대하려고 사업하는 것은 아닙니다.'라고 대답했습니다. 그리고 다음과 같이 답변했습니다.

"사람들은 물건을 살 때 어떻게 고민하는지, 사려고 했던 물건을 잘못 사는 이유가 무엇인지, 다른 것으로 바꿀 때는 어떤 행동을 하는지, 광고를 어떻게 해야 알아채는지 등 실제 고객의 행동을 화상 데이터로 수집한 후 해석해서 사용하려는 것입니다."

즉, 실제 점포에서의 구매 행동을 녹화하여 데이터로 축적하고 분석함으로써 행동 동선, 고민할 때의 타이밍 등 실제 구매 행동 데이터의 컨설팅과 같은 존재를 목표로 하는 비즈니스이며, 편의점 업이 목표는 아니라는 겁니다.

"실제 구매 행동 데이터는 연령층이나 남녀 간에 큰 차이가 나기 때문에 고객의 구매 행동을 데이터베이스로 삼아 방법론으로 확립하고 컨설팅을 하거나 패키지로 제공하거나 하는 것으로 실제 행동 데이터를 축으로 한 비즈니스를 전개하려고 하고 있습니다."

다시 말하자면, OMO가 진행되는 가운데 '실제 점포도 온라인과 같이 고속으로 개선하여 고객 각자에게 최적한 대응을 하기 위해서는 어떻게 해야 하는가?'라는 컨설팅을 위해 미끼를 뿌렸다는 것입니다.

Jian24 가게에는 원래 무인 점포와 유인 점포가 있었습니다. 무인 점포는 구조가 간소하여 무인 정보 단말기(Kiosk) 같은 분위기이고, 유인 점포는 무인 계산을 하되 사람이 안내하거나 즉석 조리를 하는 등의 추가 대응을 해주는 점포입니다. 지금은 '순전히 행동 데이터를 수집한다.'는 목적에 따라 완전한 무인 점포로 운영한다는 흐름을 보이고 있습니다. 아마 앞으로는 활용 가능한 일정 데이터가 제시된 단계에서 편의점이나 슈퍼마켓과 협업하여 같은 구조를 전개하고, 보다 많은 데이터를 모으고, 협업처는 가장 먼저 해당 행동 데이터 활용의 혜택을 받는 흐름이 될 것으로 예상됩니다.

무인 편의점은 일본에서도 꽤 화제가 되고 있습니다만, Jian24에서는 무인화 자체에 큰 의미를 두지 않고 있습니다. OMO로 오프라인이 없어진다고 생각했을 때 고객의 구매 행동 데이터나 식견의 축적으로 우위에 설 수 있다고 생각하여 실제 점포에서의 행동을 무인 편의점에서 모두 해석하려고 하는 것입니다. 예를 들면 인터넷이라면 브라우징할 때의 열람 이력을 보면 '여기에서 고민했구나.'라는 것을 알 수 있습니다. 상품 페이지를 보기만 하고 사지 않았다, 궁금했던 배너를 클릭했다, 안했다 등의 행동을 모두 알 수 있습니다. Jian24 무인 편의점의 대처는 인터넷상에서 이미 실시된 행동 분석을 실제 매장에서 실시하는 대처라고 생각할 수 있습니다.

사고 방식의 나쁜 사례(2)
'온라인을 활용한다.'라는 역 OMO

여기까지 OMO의 사고 방식에 대해 설명해 왔습니다. 일본 기업은 애프터 디지털을 이해하고 있지 않기 때문에 OMO 방식으로 생각하는 것이 아니라 '역 OMO'라고도 할 수 있는 사고 방식으로 디지털화하려는 경향이 있습니다. 즉,

온라인과 오프라인을 함께 생각할 때 오프라인적인 경쟁 원리에 서서 전략이나 경쟁, 정책을 생각하는 것입니다. '역OMO'라는 것은 어떤 사고 방식이고, 왜 틀렸는지를 이해하는데 있어서 앞서 소개한 일본의 대형 소매업과 중국의 무인 편의점과의 논의가 매우 알기 쉽기 때문에 그것을 소개하겠습니다. 일본 기업 측은 역 OMO의 생각으로 질문하고, 중국 기업으로부터 'OMO로 생각해 주세요.'라는 요구를 거듭 듣게 되었습니다.

처음 일본 측에서 다음과 같이 발언하였습니다.

"저희 회사에서 먼저 Jian24와 같은 디지털 기술이나 무인 편의점 노하우를 일부 점포부터 시범적으로 도입하려면 어떻게 하면 좋을까요?"

그러자 중국 측은 다음과 같이 대답했습니다.

"가장 중요한 포인트는 취득한 행동 데이터를 고객마다 연결시키고 활용할 수 있는 가?하는 것입니다. 그래서 매장만 리모델링하거나 일부 점포에서만 시작해도 의미가 없고, 모든 회원 데이터, 모든 점포의 재고 데이터, 다른 점포와의 연계 등 모두 디지털 데이터로 취급할 수 있게 되어야 처음으로 의미 있는 대처가 되는 것입니다. 지금 그런 상태에 있습니까?"

"가게나 계산대가 무인이라는 것 자체에는 그다지 의미가 없고, 온라인 매장이 실제 상황에 놓여졌다고 이미지화해 주세요. 그 이미지가 파악되어야 비로소 Jian24와 같은 시스템과 기술을 효율적으로 활용할 수 있습니다.

인터넷에서는 어떤 페이지를 보고 어떻게 옮겨가고 있는지를 알 수 있는데요. 이와 마찬가지로 점포 안을 둘러보고 있는 행동을 해석하는 것입니다."

이것을 듣고 저는 '아, 디지털을 도입한다.'라는 생각이 잘못된 것이라서 전부 디지털화하고 나서 다시 오라는 지적이구나.'라고 느꼈습니다.

다음으로 일본 기업의 임원이 말했습니다.

"저희는 고객이 많고 전용 카드 등으로 고객 ID 정보를 상당수 가지고 있기 때문에 그 데이터 자산이 강점이라고 생각합니다. 그 고객 정보를 어떻게 고객의 편리성에 활용할 수 있는지, 뭔가 시사나 경험은 없나요?"

그러자 중국 기업의 임원은 '**고객 속성 정보만으로는 가치가 없습니다.**'라고 **대답했습니다.** '속성 데이터는 평상시의 행동 데이터가 연결되어야만 비로소 의미 있는 데이터 및 가치 있는 데이터가 됩니다. 지금 말씀으로는 20대 여성은 다 똑같다고 하는 것과 같습니다.'라고 쓴소리를 해 주셨습니다.

"사람마다 취향이 다르고, 고민이 많은 사람, 그렇지 않은 사람, A를 좋아하는 사람, B를 좋아하는 사람 등 모두 행동 습관이 달라요. 그러한 행동이 갖는 의미를 읽고, 최적의 타이밍에 최적화된 정보를 제공할 수 있어야 비로소 의미를 가지게 됩니다. 속성 데이터뿐만 아니라 행동 데이터도 포함하여 구매 습관 데이터를 전면적으로 수집할 수 있는지의 여부가 앞으로 비즈니스의 열쇠를 쥐고 있습니다."

그 다음은 이런 질문이 이어졌습니다.

"저희 회사에서도 디지털 트랜스포메이션을 실시하려고 하는데, 회사 규모가 크기 때문에 주도권을 쥐는 부서를 마케팅 부문으로 할까, 디지털 부문으로 할까, 고민하고 있습니다. 어떻게 하면 좋다고 생각하세요?"

이에 대해서는

"모두 디지털화하고, 모든 회사 기능을 연결하므로 그것은 회사를 다시 만드는 행위입니다. 당연히 CEO 직할 팀이 아니면 이룰 수 없을 겁니다."

라고 바로 대답하였습니다. 이 무인 편의점 기업은 과거 무인 계산대와 그 기반이 되는 디지털 인프라를 도입하는 컨설팅을 하고 있었다고 합니다. 그때 한 기업이 협조해서 OMO형으로 바꾸려고 했을 때 CEO 직할 팀을 만들어서 엔지니어 300명을 도입했고, 결국 1년이 걸렸다고 합니다. 그 정도의 각오와 시간과 자원이 필요하다는 것이었습니다.

마지막으로 일본 기업의 참가자가

"저희 회사는 오프라인 매장을 많이 가지고 있고, 매장 품질이나 네트워크가 자산의 주축인데요. 향후는 확실히 온라인도 활용하여 비즈니스를 확대해 가고 싶습니다."

라고 말했는데, 중국 기업 담당자는

"앞으로는 온라인과 오프라인이라는 개념이 모호해지다 나중에는 경계가 없어집니다. 고객은 온라인이나 오프라인 어느 쪽에서 사자는 생각도 없이 가까이의 가장 편리한 솔루션으로 쇼핑을 하고 싶을 뿐입니다. 온라인과 오프라인을 나눠서 생각하는 데서 벗어나야죠."

라고 대답했습니다.

이 무인 편의점 기업 방문에 앞서 저희는 그 일본 기업에 대해서 'OMO예요.', '가게를 온라인점으로 파악해야 합니다.', '모든 행동 데이터가 밝혀지는 시대입니다.' 등 여러 가지 말씀을 드렸습니다만, 그것 그대로 그 무인 편의점 기업이 대변해 준 것 같은 형태가 되었습니다. 이와 같이 디지털의 최전선에서 비즈니스를 하고 있는 사람들에게는 일관된 기초를 바탕으로 한 공통 인식이 있고, 앞서 설명한 진둥(JD.com)이 단언했던 '모바일도, PC도, 편의점도 디지털로 처리할 수 있다면 모두 같은 사용자 매개체이다.'라는 말도 똑같은 내용인 것입니다.

저희는 중국 기업 방문을 통해 중국에서는 OMO라는 공통 개념이 철저하다고 알게 된 한편, 일본 기업에 있어서 OMO라는 사고 방식은 곧바로 관점 전환을 할 수 없을 만큼, 현재 상황과 거리가 먼 사고 방식이라는 것이 잘 보였습니다. 사실 애프터 디지털이라고 하는 말은 OMO를 이해시키기 위해서 생각해 낸 말입니다. 이해해야 하는 것은 OMO이지만, 이해하기 어렵다는 것을 잘 알았기 때문에 시행착오 끝에 보다 직관적으로 이해할 수 있도록 비포 애프터로 하여 도표로 나타내기 쉬운 표현으로 나온 것입니다.

사고 방식의 나쁜 사례(3)
'생산물(Product)을 중심으로 한다.'

일본은 물건이나 서비스 품질이 높다는 자부심이 있고, 그러한 현 상황의 자산을 과도하게 믿고 생산물 지향에서 벗어나지 못하는 사례가 자주 보입니다. 그 결과 역 OMO형으로 디지털 트랜스포메이션을 추진하려고 하는 경향이 있는데 이는 틀린 것입니다. 디지털 트랜스포메이션은 모든 것이 '디지털로 변한다, 달라진다.'라는 것이기 때문에 애프터 디지털 쪽으로 관점과 생각을 완전하게 옮긴 다음, OMO형으로 비즈니스 전개를 실시할 필요가 있습니다.

예를 들면 기술 지향으로 제조를 하다 보니 기술과 물건은 있어도 어떤 상품으로 하면 좋을지 몰라서 누가 사용하는가 하는 사용자의 편의를 생각하지 않는 경우를 자주 볼 수 있습니다. 애프터 디지털적으로 생각하면 디지털로 접점을 어떻게 취득할 것인가라는 고객 지향의 관점이 필요하므로 이러한 기술 선행, 상품 선행의 사고 방식은 친화성이 낮습니다. 또 일본에서는 오프라인에 있는 것을 억지로 온라인화하려는 경향이 있는 것 같습니다. 오프라인에서 전단지를 보여주는 방식을 웹에 그대로 적용하거나 접대나 디자인이 훌륭한 오프라인 매장을 그대로 온라인으로 재현하려고 하는 것이 바로 그 예입니다. 그것들은 모두 역 OMO형이고 애프터 디지털적인 사고 방식이 아닙니다.

왜 안되는지를 설명해 보겠습니다. 디지털과 실제의 차이를 생각할 때 실제에서는 점포 면적이나 거리와 같은 물리적 제약이 존재하기 때문에 목적을 달성하기 위해서는 물리적 제약을 전제로 하여 점포 오퍼레이션을 짜고, 그 위에 고객 행동을 디자인하는 흐름이 됩니다. 당연히 물리적인 제약은 기업 측의 사정이며, 고객 입장에서는 '발길 무거워도 가야 한다.', '일일이 설명서를 읽는다.', '매진 상품은 입고를 기다려야 한다.'와 같은 형태로 뭔가 억지를 당하게 됩니다. 억지를 당하면 인간은 불쾌감을 느끼지만 지금까지는 당연하게 받아들여지고 있었습니다. 물리적 제약을 전제로 기업이 서비스 설계를 하기 때문에 고객은 이에 맞출 필요가 있다는 것이 비포 디지털의 비즈니스 모습입니다. 기업 측 사정이 우선시 되고 있는 것입니다.

한편 VR과 비유하면 알기 쉬운데 디지털에서는 세계를 자유롭게 설계할 수 있습니다. VR에서는 날거나 점프하는 것이 쉽게 실현 가능합니다. 디지털상에서는 사용자에게 이상적인 상황을 쉽게 만들 수 있습니다(모바일이나 PC에서는 화면 사이즈라는 물리적 제약이 생기지만…). 그런 의미에서 디지털 세계에서는 물리적 제약에서 해방되어 바람직한 행동을 창출하는 것이 더 쉽게 실현된다고 할 수 있습니다. 이렇게 서로 다른 두 세계를 왕래 시키려고 했던 것이 O2O(Online to Offline)의 시대입니다.

지금은 더 나아가 온라인과 오프라인이 융합된 세계인 OMO에서는 이제 오프라인은 존재하지 않기 때문에 '온라인과 같은 사고 방식으로 실제 상황과의 접점도 생각하자.'가 됩니다. 그렇게 되면 디지털 측에서 언급하던 이상적 행동에 가깝게 만들자는 사고 방식으로 오프라인 측도 설계하게 됩니다. 그렇게 되면 고객은 굳이 매장에 갈 필요가 없어지고 온라인으로 주문하는 것이 가장 편리하다면 그렇게 하고, 점포가 동네에 있으면 거기에 가고, 테이크 아웃이 귀찮으면 가게에 주문해서 배달시키는 등 융통성이 있는 사고 방식이 생겨나고, 그것에 맞추어서 가게 디자인이나 공급망을 최적화합니다. 그렇습니다. 그건 후머 같은 매장입니다.

점포는 물리적 제한이 있는 상태에서 출발하고 있기 때문에 그것을 디지털 쪽으로 가져가려고 하면 물리적 제약을 디지털 쪽으로 가져가게 됩니다. 하지만 원래 디지털은 이상적인 행동을 만들 수 있기 때문에 디지털을 기점으로 생각하면 보다 자유로운 발상을 할 수 있습니다. 이것이 '기업은 애프터 디지털로 생각하고, 디지털 기점으로 비즈니스를 전개해야 한다.'고 말하는 이유 중 하나이며, 그 결과 고객 선택의 자유로움이나 편리함 같은 체험 품질을 비약적으로 향상할 수 있습니다.

가까우면 음식점에 직접 가고, 시간이 없으면 온라인에서 구매합니다. 병원에 가지 않아도 스마트 폰을 이용해서 문진을 받을 수 있고, 그대로 처방 약이 배달됩니다. 열심히 운동하면 그것이 보험 회사와 정보 공유가 되어서 보험료가 싸지기도 합니다. 사용자 자신이 정직하게 청구액을 결제하고 좋은 일을 꾸준히 한다면 불필요한 증명을 하지 않고도 자신이 믿을만한 사람으로 판단됩니다. 근 미래적인 일이 '디지털 체험 쪽에 중점을 두고 생각한다.'라는 공통 개념을 가진 사람들에 의해서 이미 생겨나고 있습니다. 이러한 고객에 있어서 가장 편리한 체험을 제공하는 것으로 행동 데이터가 계속 쌓여서 '자신에게 맞는 것을 언제나 제시해 준다.', '최적의 시기에 연락을 준다.'라는 보다 편리한 상황을 낳아

가는 것입니다. 그 근간에서 사회 상황의 파악 방법이 애프터 디지털이며, 비즈니스 사고 방식이 OMO입니다.

OMO를 창출할 때의 사고 방식 : RPG형 세계관 비즈니스

여기까지 OMO란 무엇인가와 그 중요성에 대하여 이야기를 전개해 왔습니다. 여기에서 사고 방식에 대한 팁을 소개해 드리겠습니다. 사실 OMO형 비즈니스 발상은 RPG(Role Playing Game) 게임과 매우 흡사합니다.

OMO형으로 성공한 비즈니스 가운데 다수 존재하는 공통점으로 '게임상 성과 보수 획득이 설계되어 있다.'라는 점을 들 수 있습니다. 저는 RPG 게임인 드래곤 퀘스트를 굉장히 좋아하는데 할 때마다 느끼는 점이 있습니다. 바로 '슬라임에 이겼을 때의 경험치를 알거나, 얼마로 레벨 업 되는지 알거나, 독 늪지대를 걸으면 걸음 수에 따라 균일하게 타격을 입는 등 게임 속 세상은 알기 쉽게 모두 가시화되어 있어서 편리하구나.'하는 것입니다. 여기에서 생각해야 하는 것은 제1장에서 설명한 택시 호출 서비스 디디의 사례로 다음 세 종류의 데이터를 취득함으로써 택시 운전 품질을 평가하고 있었습니다.

- 호출 요청에 신속히 응답했는지?
- 고객을 신속히 픽업했는지?
- 적정한 속도, 안전한 운전, 올바른 경로로 운행했는지?

운전 기사에게는 운전 중에 전용 앱을 작동시키는 것을 의무화하고, 위와 같은 택시 체험 만족도 관련, 속도와 안전성의 데이터를 취득하여 평가에 사용하고, 그 결과 디디가 제시한 규칙대로 노력하면 월급이 오르고 사회적 신뢰까지 얻을 수 있게 되어 있습니다(도표 2-6).

근무 성과/성적 FB(평가)　　업무 지원 서비스 제공　　건강 지킴이

[도표 2-6]

이것은 이제 실제 세계에 존재하는 AR형 온라인 RPG라고 할 수 있지 않을까요? 디디의 기사 전용 앱에 대해서는 다음과 같이 전환시키면 보다 알기 쉬워집니다.

- 매번 계측되어 경험치가 쌓인다.

- 업그레이드를 위한 승격 시험으로 레벨을 올린다.

- 앱 내 지도 정보에는 기사 쉼터(주유소, EV스탠드, 화장실)가 표시된다.

- 운전 중의 일을 공유하여 다른 사람들과 연대한다.

지금까지는 운전 품질이 가시화되고 축적되는 일은 없었지만, 애프터 디지털 환경에서 상시 접속으로 오프라인이 없어지면 모든 행동이 점수화하여 슬라임을 퇴치하고 경험치 2 득점과 같은 일이 가능해 진다는 것입니다. 일본에서 퍼지고 있는 우버이츠도 배달원을 위한 공략 사이트 같은 것이 있고, 다들 그것을 이용해서 요령을 익힌다고 합니다.

중국에서 인기 많은 음식 배달 서비스를 이용하여 앱으로 배달원의 움직임을 보고 있으면 흥미로운 것을 알게 됩니다. 배달원이 집 바로 앞까지 왔나 싶었는데, 잠시 후 멀리 가거나 어슬렁어슬렁 여러 곳을 돌아다니거나 하는 것입니다. 각각 배달 건에는 시간 제한이 있어서 지켜야 하는데, 그들은 여러 주문 건을 동시에 처리하고 있는 겁니다. 즉, '몇 개씩 주문 건을 겹치기 해서 일정 시간에 얼마나 벌 수 있을까?'하는 실제 맵을 사용한 돈벌이 게임을 하고 있는 것입니다.

건강 촉진이나 운동 관련 앱도 마찬가지입니다. 예를 들면 Discover라는 회사가 제공하고 있는 Vitality 프로그램 보험 서비스는 걸음 수나 달린 거리 등 게임 적으로 실행 단위(Task)가 주어지고, 이를 달성하면 스타벅스에서 사용할 수 있는 한 잔 무료 이용권이 보상으로 주어지거나 '건강해졌다.'라고 평가받는 것으로 가입하고 있는 보험의 보험료가 싸지기도 합니다. 모든 것이 가시화되기 때문에 노력을 알기 쉽게 점수로 확인할 수 있고, 무언가의 보수도 받을 수 있습니다. 디지털이 실제를 품고 있는 것을 전제로 하여 생각하는 것이 당연해지면 모든 것은 디지털 세계 쪽에서 실제 세계를 바라보는 것처럼 되어가지 않을까 싶습니다.

2-6
기업끼리 연결되기는 당연하다, OMO가 이르는 곳의 모습

재차 중국 기업의 영향력을 생각할 때 결제를 장악하는 복합 금융 그룹형 플랫폼이 된 알리바바와 텐센트는 당연히 빼놓을 수 없습니다. 이 두 개의 거대한 그룹 아래에 지금까지 설명한 거의 모든 서비스 기업이나 제조사가 연관된 구도로 되어 있어 흔히 '알리바바 진영', '텐센트 진영'이라고 불립니다.

공유 자전거에서 오포는 알리바바 진영, 모바이크는 텐센트 진영, 배달 음식이라면 우라마는 알리바바 진영, 메이투안은 텐센트 진영이 됩니다. 알리바바와 텐센트 모두 포괄적으로 생활을 지원하는 생태계를 형성하고, 고객 ID에 기록된 모든 행동 데이터를 보유하고 다양한 형태로 그 데이터를 활용하고 있습니다.

알리바바 경제권을 이루어지게 하는, UX 중심의 데이터 생태계

알리바바와 텐센트는 두 개의 큰 그룹이지만 애프터 디지털에 있어서 중요한 생태계를 만들기 위한 UX(사용자 경험)에 관해서는 알리바바가 압승하고 있는 상황입니다. 전에 텐센트에 방문했을 때 이런 이야기를 들었습니다. 매출 구성비에 있어서 B to B를 위한 서비스 비율의 이야기를 했는데, 그들은 '저희가 생태계를 잘 만들지 못하기 때문에 B to B 매출 비중이 낮다.'고 했습니다.

중국에서 두 번째로 큰 그룹이며, 진동과 미단조차 산하에 거느린 그들이 '생태계 만드는 것을 잘 못한다.'라고 하는 말의 뜻을 처음엔 잘 알지 못했는데 텐센트와 알리바바를 모두 방문하고 나서 왜 텐센트가 그렇게 말하는지 이해가 되었습니다. 바로 알리바바가 생태계화를 추구한 결과 명확하게 생태계를 만들기 위한 UX 방법론을 갖고 있다는 것입니다. 반대로 텐센트로부터는 직접적인 질문을 해 봐도 보다 상향적인 방법론 밖에 나오지 않았습니다.

일본에서 UX는 디지털 마케팅의 일부 정도로 인식하는 분들도 계시므로 왜 UX를 생각하는 팀이 에코 시스템(생태계)의 방법론에 도달하는지 의문이라고 생각하시는 분도 있을 수 있습니다. 그러나 '행동 데이터×경험의 시대이다.'라고 이해하는 것이 중요합니다. 애프터 디지털에서는 대량의 행동 데이터가 있어 그 활용이 중요해지므로 중국의 선두 기업은 당연하게 사용자 경험을 중시하고 있으며 그것이 제대로 되고 있기 때문에 이 정도로 많은 사용자를 보유하고 있는 것이라고 자부하고 있습니다. 그것도 잭-머, 포니-머 같은 경영자 레벨이 그렇습니다.

고객 접점 데이터가 방대해지면 기업간의 경쟁 원리는 '이 접점별 행동 데이터를 이용하여 어떻게 하면 좋은 체험을 만들고, 접점 사이를 이동시켜 자사가 제공하는 고객 여정(Customer Journey)에 대한 고객 유치율을 높일 것인가?' 하는 것으로 바뀝니다. 자사 경제권에 편입시키고, 보다 포괄적인 데이터를 수집한다는 목적을 위해서라면 '체험 가치가 높고 사용자를 대량으로 끌어안고 있는 한편, 제대로 체계화되어 있지 않다.'라고 평가받는 서비스를 매수하고 자사 경제권에 편입시킵니다. 공유 자전거가 대표적인 사례라고 할 수 있습니다.

데이터 취득을 담당하는 사업이나 후발 사업 등에 데이터를 공유함으로써 사용자를 더욱 많이 유치하는 시스템이 만들어지고 있습니다. 이것이 데이터 에코 시스템(생태계)입니다.

To B와 To C를 연결하는 플랫폼 UX

이제 제2장의 마무리로 애프터 디지털 사회에 있어서 OMO를 이끌어 가는 알리바바의 사례를 모종의 종착지 모습이라고 설명합니다. 그들은 이미 디지털이 생성하는 데이터 에코 시스템을 만드는 방법과 관리를 방법론화하고 있는 단계에 있으며, 이 책에서 설명하고 있는 논의보다 상당히 앞서가고 있는 상태입니다. 훗날 일본에서도 필요할 데이터 에코 시스템을 만들기 위해서 선두를 달리는 그들이 어떠한 생각을 하고 있는지를 소개합니다. 필자 2명(오하라와 후지이)이 알리바바에 있는 UED(User Experience Design) 대학 당시 총장으로부터 2017년 12월 시점에 배운 에코 시스템을 만들기 위한 방법론으로 Holistic Experience를 설명합니다.

2017년 12월에 방문했을 때 후지이가 소속된 비비트는 18년간 경험 디자인에 종사해 온 전문가라는 입장이었습니다. 그 당시의 UED 대학교 총장이 회사 설명을 하는 중에 '그럼 UED가 생각하는 UX의 5단계라는 방법론에 대해서 설명하겠습니다.'라고 하셔서 우리들은 전문가적인 입장으로 '호오, 흥미롭다, 들어봅시다.'라는 태도로 듣고 있었습니다.

"저희들은 UX를 디자인 관점에서만 생각했습니다. 2008년까지 저희가 가진 디자인 구상 팀은 비주얼 디자인이나 UI 등과 같은 디자인 분야 밖에 담당하지 않았습니다. 예를 들어, 이 디자인을 보고 사용자가 어떻게 느끼는지, 이 서비스는 사용하기 쉬운지, 사용상의 문제점으로 인한 기회 손실은 없는지, 이런 거죠. 그러다 2009년 이것으로는 충분하지 않다고 생각하여 디자인과 기술과 경영을 동등하게 포괄하는 형태로 디자인 구상 팀에서 다시 파악하도록 했습니다. 이 세 가지 요소를 모두 디자인 지향적으로 생각한다는 변화를 제1단계로 삼아 침투(Penetration)라고 부르고 있습니다(도표 2-7).

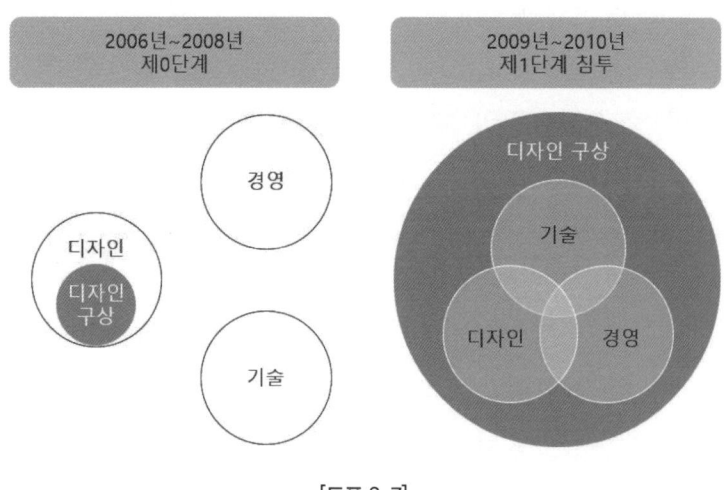

[도표 2-7]

이것을 듣고 저는 '뭐? 그게 5단계 중 1단계야?'라고 생각했습니다. 제 인식으로는 정확한 의미의 UX란 그러한 것이며, 표면적인 UI 단계가 아니라 경영 시점, 기술 시점과의 융합은 필요하다고 생각합니다. 하지만 그것이 1단계이고

10년 전의 사고 방식이라는 것입니다. 일본에서는 아직도 UX라고 부를 때 이렇게까지 충분히 생각하지 않은 경우는 아직 많이 존재합니다.

"제2단계는 제1단계에서 언급한 디자인, 경영, 기술 중에서 경영 방법 쪽의 체험 디자인을 갈고 닦은 단계를 가리킵니다. 저희들은 이를 '확산'이라고 부릅니다."

"저희들은 몰(Mall)형 EC 사업을 하고 있습니다. 이에 있어서 to B 대상 경험은 사용하기 쉬울 뿐만 아니라 예를 들어 판매, CRM, 캠페인과 관련된 중소 기업의 일을 얼마나 디지털화 해줄 수 있는지의 관점에서 경험을 설계하는 것이 중요했습니다. 이는 모바일이 퍼지기 시작한 타이밍과 일치합니다."

"to B와 to C 각각의 경험을 결합하여 생각함으로써 B to B to C형 플랫폼으로서의 UX가 만들어집니다. 이는 2012년부터 2015년 정도의 방법론입니다." (도표 2-8)

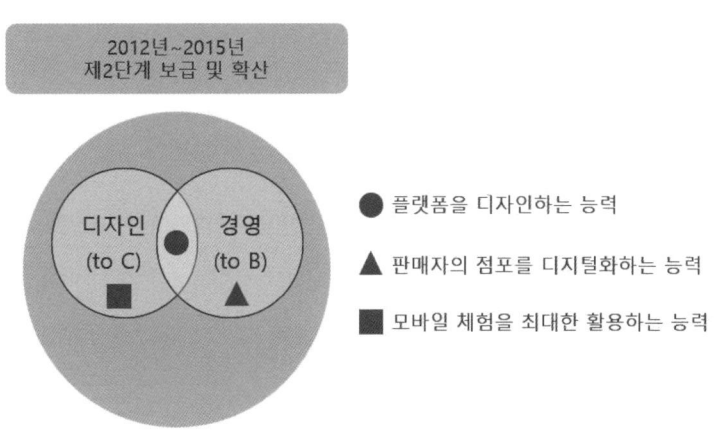

[도표 2-8]

여기까지의 설명은 '작은 경영의 디지털 트랜스포메이션을 지원함으로써 플랫폼용 UX가 완성되는 것이다.'라고 인식했습니다. '이것은 상당히 어려운데, 아직 2단계야?'하며 가슴이 두근거렸습니다.

온라인 방법론에서 발전하여 통합되어 가는 오프라인

이제 제3단계가 2015년부터 2017년에 일어나는데 각각에 대해 계속적으로 영향을 미치면서 발전하고 있는 것 같습니다.

"2015년 이후 시작되는 제3단계는 진화라고 부르는 것으로 그야말로 신 소매(New Retail) 같은 이야기입니다. 알리바바는 EC가 주요 사업인데, 예를 들어 이 EC나 온라인 서비스의 방법론을 소매업과 같은 기존 경영에 응용하여 재구축하면 새로운 가치 제공을 할 수 있습니다."

"그렇게 해서 재구축한 새로운 비즈니스는 온라인을 축으로 하고 있기 때문에 가까운 비즈니스와 연결할 수 있습니다. EC와 슈퍼마켓과 배달 음식을 연결할 수도 있고, 알리바바의 AI 스피커인 티몰지니도 그와 연결이 가능합니다."

"이렇게 유기적으로 융합하는 것이 가능해지면 알리바바의 에코 시스템(생태계)이 생겨나고, 거기에 속하는 다양한 중소 기업은 예를 들어 EC만, 슈퍼마켓만, 이런 단일 사업이나 채널보다 혜택을 많이 누릴 수 있는 것입니다." (도표 2-9)

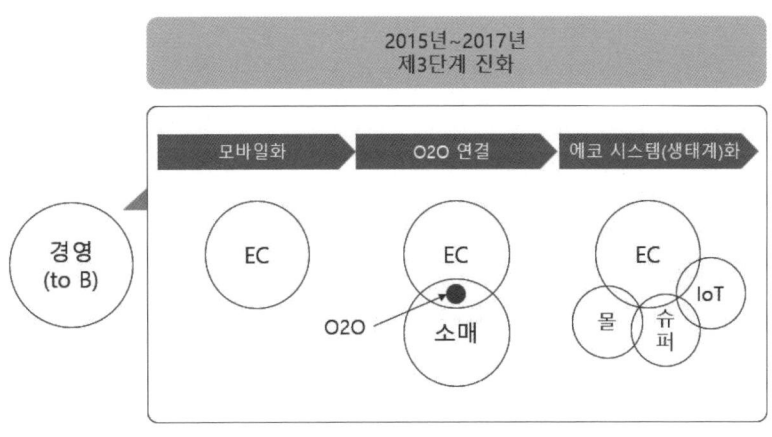

[도표 2-9]

에코 시스템을 만들기 위해서는 기존 영업을 온라인 방법론으로 재구축하는 것이 필요하다고 단언한 것입니다. 이것은 확실히 우리가 언급하는 OMO와 완전히 같은 것을 나타내고 있습니다.

이러한 OMO는 특히 전통적인 일본 기업에 있어서 매우 중요한 사고 방식이라고 생각됩니다. 일본 기업은 제작자로서의 자부심이나 높은 서비스 품질에 대한 자긍심이 대단해서 오프라인 자산을 중시하는 바람에 디지털을 부가 가치로 활용하려는 경우가 많기 때문입니다. 디지털은 부가 가치가 아닌 오히려 앞으로의 경영에 있어서의 기반이며 '기점으로 해야 한다.'라고 알리바바는 이야기하고 있다고 생각합니다.

제4단계는 다음과 같습니다.

"이러한 에코 시스템이 만들어지면 실제 접점에서의 데이터도 쌓이게 되므로 방대한 데이터를 획득할 수 있게 됩니다. 이를 사회 공헌이나 새로운 기술 개발에 활용하고 또 다른 데이터 에코 시스템을 만드는 것이 4단계로 이를 데이터 주도(Driven)라고 부릅니다.

"알리바바에서는 DAMO(달마원)라고 하는 구글에서의 구글 X와 같은 연구 기관이 있습니다. 수집한 데이터를 DAMO의 AI 개발을 위해 이용할 수 있으며, 지마-크레디트처럼 얻은 ID 정보로부터 신용도를 가시화하여 사회의 상거래를 보다 원활히 할 수도 있습니다. 구매 데이터뿐만이 아니라 교통 데이터나 건강 정보 등을 스마트 시티에 이용할 수 있습니다." (도표 2-10)

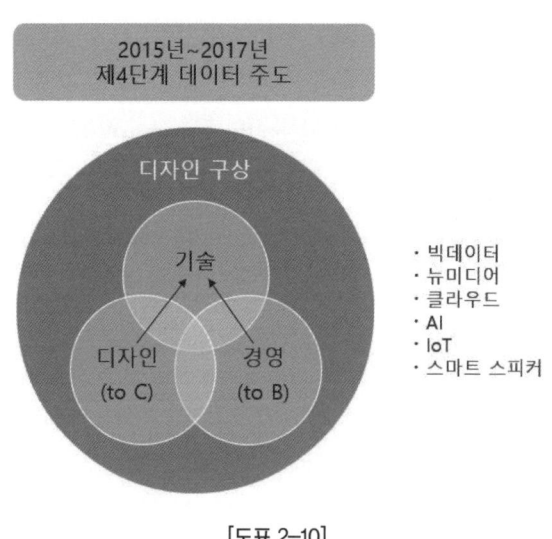

[도표 2-10]

그 당시에는 몰랐지만, 이제 돌이켜 생각해 보면 알리바바의 OMO형 슈퍼마켓인 후머에는 제4단계의 중요한 포인트가 분명히 있었습니다. 앞서 언급했는데 '후머는 가게 입지를 결정한 시점에서 이익이 나올지 어떨지가 거의 정해져 있다.'라는 것이었습니다. 이는 온라인뿐만 아니라 데이터 에코 시스템이 이미 성립되어 있기 때문에 가능한 것으로 단순히 온라인과 오프라인이 융합된 형태의 슈퍼마켓이라면 이길 수 있다는 것이 아닙니다.

Holistic Experience=NPS를 사용한 모든 이해 관계자의 체험 관리

UX 이야기부터 시작했지만 이제 사회 공헌과 비즈니스 에코 시스템이 양립하는 규모의 이야기가 되었습니다. 점점 확대되는 스케일에 대해 기대를 하고 긴장하면서 마지막 5단계를 들었습니다.

"제5단계는 '홀리스틱 익스피리언스'라고 합니다. 전체론적인 체험이라는 뜻입니다. 여기에는 두 가지 관점이 있습니다. 첫 번째 관점은 제1단계에서 언급한 디자인, 경영, 기술이 모두 융합된 것으로 이를 파악함으로써 다음의 7가지 요소에 있어서 균형 잡힌 체험을 말합니다." (도표 2-11)

- 트렌드
- 데이터
- 여론
- 오퍼레이션
- 기능
- 퍼포먼스
- 경합우위성

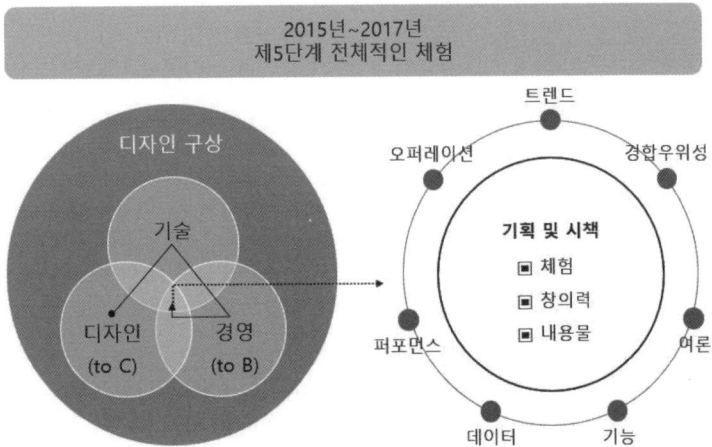

[도표 2-11]

"두 번째 관점은 저희들은 NPS(Net Promotors Score, 고객 만족도 같은 불만 해소가 아니라 고객에게 긍정적인 감정, 즉 로열티를 발생시키고 있는지를 측정하는 지표)를 사용하고 있는데, 이것은 에코 시스템에 있어서의 지속 가능성을 보기 위해서입니다."

"에코 시스템을 운용하는데 있어서 각각 이해 관계자와의 균형 여부에 대한 관점은 매우 중요합니다. to C의 NPS가 10이라도 to B의 NPS가 2라면 이 시스템은 작동하지 않으며, 만일 그것이 쌍방 10이라도 알리바바 직원의 NPS가 2이거나 데이터를 활용하는 행정의 NPS가 2라면 이는 시스템으로서 건전하지 않다고 생각합니다. 저희는 NPS라고 하는 지표를 사용하여 에코 시스템의 모든 스테이크홀더가 Win-Win하는 상태를 목표로 하고 있습니다."

이것에는 말문이 막혀 버렸습니다. 비비트에서는 NPS에 관한 서적을 일본과 중국에서 출판하고 있으며, 충분히 연구해서 잘 파악하고 있다고 생각했지만, NPS 이론에 있어서 이상적이라고 그려지는 것을 그대로 실행하고 있는 사례라고 느꼈습니다. (이와 같은 레벨로 '정말로 이렇게까지 실천하고 있는 곳이 있었네.'라는 인상은 중국 핑안 보험 그룹의 NPS 경영에도 나타납니다(제4장에 상세 기술)). 이것들은 탁상공론이 아니고 앞서 든 후머니 지마-크레디트와 같이 그들의 경영 철학을 생각하면 '분명히 그것이 실천되고 있다.'라고 생각할 수 있는 것입니다.

일본에 필요한 것은 '에코 시스템 x OMO'

일반적인 일본 기업은 알리바바의 5단계 중 어디를 가장 참고해야 할까요? 저는 3단계의 진화라고 생각합니다. 일본에서도 이제서야 에코 시스템화가 시작되고 있는 것처럼 보이지만, 알리바바는 명확하게 '온라인 원리로 기존 경영을 재구축함으로 에코 시스템이 실현 가능해지고, 이해 관계자에 보다 큰 혜택을 줄 수 있게 된다.'고 하고 있습니다. 결과적으로 제4단계와 같이 데이터 활용을 동반한 운용에 있어서도 에코 시스템이 종합적인 메리트를 산출하고 있다는 점을 감안하면 앞으로의 시대 변화를 전망하여 '자사(자기 부서)만 고객을 점유해도 잘되지 않는다.'라고 결단하는 것이 중요합니다.

한편, 제4단계나 제5단계에서는 결제 플랫폼이 되고자 하는 대형 플레이어에게 중요한 관점입니다. 앞서 얘기했듯이 이런 포괄적인 데이터 수집을 위해서 돈이 되지 않는 서비스라도 매수하는 것은 플랫폼 상의 모든 이해 관계자의 관계성이나 성과 보수를 파악하고 있기 때문이라고 할 수 있을 것입니다. 어디에서 현금화할지, 어느 정도 손실을 내도 최종적으로 의미가 있는지, 명확하게 각 플레이어의 역할이나 역학 구조를 정의할 필요가 있을 것 같습니다. 이러한 해외 기업이 이미 실시하고 있는 실증 실험 결과를 적극적으로 배우고, 그것을 어떻게 현지화할 것인가를 생각하는 일은 매우 의미 있는 작업이라고 생각합니다.

제 3 장

애프터 디지털 사례에 의한 생각 훈련

3-1
GDPR vs 중국 데이터 공산주의
-데이터 취급을 둘러싼 논란-

여기까지 세계에서 일어나고 있는 변화를 알려드리며 비즈니스 관점에서의 파악을 다시 했습니다. 다만, 애프터 디지털도 OMO도 새로운 개념 및 사고 방식이기 때문에 책에서 읽은 것만으로는 좀처럼 관점이나 사고 방식이 바뀌지 않는 것이 현실이지 않을까 싶습니다. 그러므로 본 장에서는 애프터 디지털로 전환되었을 때 중요한 논점을 짚어보고, '애프터 디지털이라는 새로운 세계관에서 재래식 가치관을 본다.'라는 면에서 세계의 사례를 살펴보고, 다양한 토픽에 대해 다루겠습니다. 이것은 생각 훈련이며, 그렇게 함으로써 보다 깊이 이해할 수 있다고 생각합니다. 1장과 2장의 중국 사례를 읽고, '그렇게까지 데이터를 활용하는 것이 가능한가?', '그것은 중앙집권적인 중국이기 때문에 할 수 있는 것 아닌가?'라고 보시는 분도 많다고 생각합니다. 그래서 우선은 데이터 취급 방침이라는 주제를 짚어 보겠습니다.

2019년 현재, 세계 각국에서 데이터 및 개인정보 취급을 둘러싼 논의가 활발하게 이어지고 있으며 그 중심 주제인 데이터를 공공 재산으로 할 것인지 개인의 사유 재산으로 할 것인지에 대한 정의를 둘러싸고 논란이 갈라지고 있습니다. 개인주의의 유럽에서는 개인 데이터와 프라이버시 보호는 기본적 인권의 하나로 여겨지며, 유럽 연합(EU)의 기본권 헌장에도 보장되어 있습니다. 2018년 5월에는 개인 데이터를 취급하는 사업자를 대상으로 한 GDPR(EU 일반 데이터 보호 규칙)의 시행이 시작되었습니다.

대상은 EU 회원국 등 31개국 유럽 경제 영역(EEA) 내에 존재하는 개인에 관한 데이터 전부입니다. 기업이나 단체에서 개인 데이터의 지우기를 요구할 권리나 프로파일링에 대해 이의를 제기할 권리를 인정하며, 개인 데이터를 보유하거나 EU 바깥으로 반출하거나 하는 기업에게 데이터 보호 체제 정비를 의무화하고 있습니다.

국적이나 거주지에 상관없이 EEA 내에 단기 체류하는 출장자나 여행자 정보도 포함되어 있으며, EU 회원국 뿐만 아니라 EU 국가의 기업과 거래하는 EU 외의 기업에게도 적용되므로 EU와의 거래가 있는 거의 모든 나라가 대상이 됩니다. GDPR을 준수하지 않는 기업에 대하여 최대 2,000만 유로(약 260억원) 또는 매출액의 4% 벌금이 부과되기 때문에 현재 GDPR의 규정에 따른 프라이버시 보호 규칙을 그대로 자국에 도입하고 있는 나라도 있습니다. 다만, 그 도입 비용이 문제가 되고 있는 신흥국에서는 '데이터 보호에 의한 제국주의다.'라는 비판의 목소리도 높이고 있습니다. 유럽은 도시 국가가 발달되어 있어서 지방 분권으로 도시마다 독립되어 있는 문화적 배경이 크게 영향을 주고 있을 것 같습니다.

한편, 중앙 주권인 중국에서는 '국민은 데이터를 제공하고, 국가가 일괄 관리하며 국민을 위해 사용한다.'라는 생각이 당연하게 인식되어 있습니다. 실제 14억 명의 국민이 있고, 그 모두가 개인 데이터를 제공하면 방대한 데이터가 쌓여 AI 기술의 향상으로 이어집니다. '데이터를 제공함으로써 보다 좋은 생활, 좋은 나라로 만들어 가자.'라는 생각이 뿌리 내리고 있습니다. 알리바바에서 스마트 시티를 추진하는 사람은 이런 말을 했습니다.

"사실 도시 계획에 있어서는 **데이터는 자원이며, 물이나 전기와 같은 중요한 인프라입니다.** 그래서 모두가 같이 데이터를 제공하고 활용하지 않으면 도시가 업데이트되지 않습니다. 물이 있는 도시와 없는 도시, 전기가 있는 도시와 없는 도시는 만드는 방법이 다르겠지요. 데이터는 물이나 전기와 같습니다. 데이터를 공적 자원으로 파악하여 도시나 사회를 설계해 나가는 것이 필요하다고 생각합니다."

중국에서 토지는 국유 재산이며, 국민이 국가로부터 임대하는 것으로 파악되고 있습니다. 지금은 토지보다 데이터가 부와 이윤을 낳는 시대가 되었으므로 데이터도 토지처럼 '시민이 나라에 맡기고, 국가는 효율적으로 활용하여 국민의 이익을 창출해서 나라 전체가 풍요로워진다.'라는 생각은 전혀 어색하지 않았던 것입니다.

완화와 보호, 두 축을 가진 유럽

그럼 GDPR은 윤리적인 규제이며, 기술의 진화나 사회 실장(実裝)을 방해하는 것인가 하면 단순히 그렇게 파악하지 말고, 다른 측면을 함께 이해할 필요가 있습니다. 그 측면을 이해하려면 GDPR이 태어난 배경을 알아야 합니다. GDPR이 태어나기 전의 일이지만 영국에서는 은행 계좌의 데이터 이동성 제도가 시작되었고, 이후 정착되었습니다. 일본에서는 휴대 전화의 번호 이동성 제도가 시작되어 휴대 전화 사업자 간 경쟁이 치열해지면서 요금이 싸졌는데 이와 비슷한 제도가 은행을 대상으로 이루어지면서 1년여 만에 110만 구좌의 이동이 있었다고 합니다.

휴대 전화 이동성은 3가지 데이터가 대상이 됩니다. 그것은 전화 번호, 이메일 주소, 앱입니다. 마지막인 앱에 주목해 보면 스마트 폰에 내려받은 앱은 통신사에 의존하지 않고 다른 통신사로 옮겨도 똑같이 사용할 수 있고, 앱에 들어 있는 데이터도 앱마다 이동할 수 있게 되었습니다. 예를 들어, 소프트뱅크에서 NTT 도코모로 옮겨도 LINE은 즉시 사용할 수 있고 데이터도 통째로 옮길 수 있습니다. 그러니까 통신사를 변경하기가 쉬워진 것입니다.

그럼 은행 계좌의 경우는 어떨까요? 일본 상황을 생각해 봅시다. 은행 계좌를 이동하게 되면 자동 이체로 결제하고 있는 공공 요금이나 신용 카드를 하나씩 다시 등록하지 않으면 안 됩니다. 그렇게 되면 한 번 사용하기 시작한 은행 서비스가 안좋다고 생각해도 설정 작업이 귀찮아 마지못해 계속 사용하기 쉽습니다. 그러나 영국에서는 이런 설정 이동을 은행 측 책임으로 돌리고 사용자의 새 계좌로 넘기는 것을 의무화하는 규칙을 시행했습니다. 이런 이동성을 통해 사용자들은 좋은 서비스를 제공하는 은행으로 갈아타기 쉬워졌고, 은행 간에 공정한 경쟁이 생겨났으며, 그 결과 서비스가 압도적으로 좋아지고 있습니다. 거기에는 기술적인 진보가 있습니다.

기술적인 진보로 서비스가 좋아지면 데이터가 유동화 됩니다. 그렇게 되면 그 데이터를 악용하는 사람이 나타날지도 모른다는 우려가 생깁니다. 그러한 우려 때문에 GDPR과 같은 데이터 규제가 생겨난 것입니다. GDPR에 관한 뉴스나 논의를 보면 규제나 보호 대상이 되는 리스크에 눈길이 가기 쉽지만 **보호와 함께 새로운 기술이나 서비스를 창출하는 완화에도 관심을 가지지 않으면 본질적인 이해가 되지 않는다고 생각합니다.**

알고리즘의 공평성

데이터가 대량으로 모이기 때문에 그 처리를 인공지능(AI)에게 맡기려는 기업은 많습니다만, 이러한 '인공지능에 처리를 맡긴다.'는 것 자체의 리스크에 대해 고민할 필요가 있습니다.

미국에 '레모네이드'라는 자동차 보험 앱 회사가 있습니다. 이 회사는 사용자의 운전 데이터를 수집하고 있으며, 급브레이크를 밟는 횟수가 많거나 커브에서 거칠게 운전을 하면 감점 처리되어 일정 수준의 보험료가 올라가는 시스템입니다. 지금까지의 보험은 안전 운전하는 사람도 위험한 운전을 하는 사람도 일괄적으로 같은 보험료가 부과되고 있었습니다. 반면 레모네이드에서는 사용자의 운전 데이터를 수집하고 안전 운전을 하는 사람은 저렴한 보험료를 일정한 수준으로 책정하고, 안전 운전을 할 수 없는 사람에게는 그에 상응하는 보험료를 청구하는 것입니다.

그렇게 되면 무슨 일이 일어날까요? 안전 운전을 할 경우 보험료가 싸진다면 평소 안전 운전을 하는 사람들로부터 차례로 이러한 구조의 보험 회사에 가입할 것입니다. 보험 회사는 고객을 빼앗기기 싫어서 어느 회사든 같은 구조를 도입할 지도 모릅니다. 여기에서 주목하지 않으면 안 되는 것은 보험료가 운전에 관한 개인 데이터의 AI 분석으로 정해져 버린다는 것입니다. 예를 들어, 브레이크 밟는 방법이 거칠어도 사고를 내지 않는 드라이버가 있을 수 있고, 우연히 길에 무엇인가 떨어져 있어서 급브레이크를 밟았을 뿐이라고 해도 AI 알고리즘으로는 판단을 못하고 나쁜 점수를 받을 수 있다는 것입니다. 어쩌다 나쁜 점수를 받은 일로 불리한 보험료 설정을 강요당하는 일이 생길 수도 있습니다. 게다가 안전하게 운전하지만 주행에 관한 개인 데이터를 기업에게 건네주고 싶지 않다고 생각하는 사람도 있을 수 있습니다. 주행 데이터를 기반으로 보험료가 결정된다면 보험 회사에 주행 데이터를 제공하지 않으면 정당한 평가를 받지 못하고, 비싼 보험료를 내게 되는 것도 쉽게 상상할 수 있습니다. 유럽 의회가 개인정보 보호나 프라이버시 관점에서 문제를 삼고 있는 것은 이러한 선택의 자유가 없어져 가는 사례입니다.

알고리즘의 공정성

모든 데이터를 바탕으로 개인 신용도를 점수화하여 임대 계약이나 융자 여부, 취업이라는 상황에서 참조하는 구조가 진행되면 게이오기주쿠대학의 야마모토 다쓰히코 교수님이 지적하는 가상 슬럼이라 불리는 새로운 빈곤층이 생길 가능성도 우려되고 있습니다. 알고리즘을 통해 사용자를 점수화하면 알고리즘상 반드시 처음부터 좋은 사용자와 나쁜 사용자가 생겨나는 폐해가 있습니다. 문제는 왜 그 사용자가 가상 슬럼에 있는가 하는 의문인데, AI 알고리즘에 의해 생겨난 결과이기 때문에 그 이유를 본인은 알 수가 없어 대응할 수도 없고, 빠져 나올 수도 없게 될 위험성이 있다는 것입니다. 이러한 알고리즘의 왜곡을 어떻게 시정해 나갈지, 그 알고리즘은 정말로 공정한지 등에 대해 지금 유럽에서는 **'알고리즘의 공정성'**이라는 과제가 논의되고 있습니다.

일부는 AI에 맡기는 편이 오히려 공정함

2018년 중국 저장성 항저우시에 있는 항저우 시립 제11중학교가 특정 최신 기기를 도입하여 화제가 되었습니다. 그 기기는 수업 중 학생의 표정을 AI로 데이터 분석하는 화상 인식 해석 시스템입니다.

칠판 위에 설치된 3대의 카메라가 교실 전체를 모니터링하고, 학생 출결을 얼굴 인증 시스템으로 자동 기록하며, 수업 중에 AI가 학생 표정을 분석해 '평상', '행복', '슬픔', '침울', '분노', '무서움', '놀람' 등 7가지 상태로 분류하여 데이터화합니다. 그리고 수업에 집중한 학생이나 교원의 이야기를 듣지 않은 학생들의 태도까지 자료화되어 분석하기 때문에 선생님은 자신의 눈이 미치는 범위나 무의식적으로 신경쓰고 있는 학생에게 치우치는 일 없이 공정하게 수업을 진행할 수 있습니다.

'학생들이 카메라로 감시받으며 압박감을 느껴 심신에 안 좋은 영향이 있는 것 아니냐?'는 지적이나 '자녀의 개인정보나 사생활은 어떻게 되고 있느냐?'라는 비판도 있는데, 학생 데이터를 수집해 활용하는 EdTech에 의해서 교육 효과를 높일 수 있다는 견해도 있습니다. 학생의 표정을 읽으면서 수업을 진행한다는 것은 AI에 의지하지 않아도 다른 선생님도 하고 있는 일입니다. 선생님은 수업 중에 한 사람 한 사람의 얼굴을 보면서 '이 학생은 아직 이해하지 못한 것 같다. 이 학생은 납득하고 있는 것 같으니까, 조금 질문을 해 보자.'라고 판단을 하고 있습니다. 단지 선생님도 사람이기 때문에 때로는 학생 표정이나 반응을 간과하거나 이를 잘못 보는 일이 있습니다. 또한 그 날 컨디션이나 감정이 크고 작은 영향을 주는 일도 있을 것입니다. 교사가 모든 것을 책임지고 행사하기보다 일부는 AI에게 맡기는 것이 오히려 공정성을 갖추는 것 아니냐는 논란도 일어나고 있습니다. '내 아이 데이터를 빼내다니 믿을 수 없다.'라는 흔한 거부 반응을 보여주는 것이 아니라 오히려 '공유 재산으로서 데이터를 제공하지 않으면 교육 효과가 높아지지 않는다.'라는 부모의 의견도 성립하는 것입니다.

'데이터는 공공 재산인가? 사유 재산인가?'라는 논의의 결론은 쉽게 나오지 않지만 사회 방향성은 기술 진화와 함께 데이터를 활용하는 쪽으로 흐르기 시작했으며, 일정한 허락을 어디서 어떻게 받느냐는 것에 초점이 맞춰져 있는 것 같습니다. 유럽의 입장은 한번 그 흐름을 인정하면 다시 돌아올 수 없을지 모른다는 위험성과 공과를 고려하여 '공'을 추진하면서 '과'의 부분을 잘 논의하고 대책을 세우고 있습니다. '유럽은 보호주의이니 무엇이든 부정하고 있다.'가 아니라 새로운 기술과 사회 발전을 부정하지 않고 보호와 완화의 두 바퀴로 시대를 맞이한다고 생각합니다.

3 - 2

희귀한 접점에 가치가 있는 시대

'애프터 디지털에 있어서 실제 채널은 긴밀하게 소통을 취할 수 있는 귀중한 접점이며, 높은 체험 가치나 감정 가치가 요구된다.'고 제2장에서 설명했습니다. 여기에서는 그 의미를 구체적으로 설명합니다.

상하이 관광의 새로운 명소로도 불리는 세계 최대급 스타벅스의 플래그십 스토어 리저브 로스터리 상하이를 대표적인 예로 들 수 있습니다. 매장 내에 거대한 커피콩 볶음 공장을 갖춘 스타벅스의 고급 콘셉트 점포로 2014년 미국 시애틀에 1호점이 등장한 이후 2017년 중국 상하이에 이어서 이탈리아 밀라노, 뉴욕, 그리고 2019년 2월에는 일본 도쿄 나카메구로에 5번째 점포가 오픈할 예정입니다. 일본의 플래그십 스토어는 건축가 구마 겐고씨와의 협업으로 처음부터 건물을 설계하는 최초의 로스터리 점포가 될 뿐만 아니라, 우버이츠나 모바일 디바이스에서 주문하여 줄서지 않고 주문한 상품을 점포에서 받을 수 있는 Mobile Order and Pay 등 디지털 시책도 전개할 예정이라고 합니다.

왜 스타벅스는 이런 대규모 플래그십 스토어를 세계 각국에 열고 있을까요? 그 배경에는 거의 모든 상품을 온라인으로 주문할 수 있는 시대가 되면서 실제 매장을 방문하여 상품을 구매하는 것보다 인터넷 구매가 빠르고 편리해져서 실제 점포에 갈 필요가 줄어들었다는 이유가 있습니다. 그 때문에 리저브 로스터리 상하이는 마치 커피 공장에 들어간 것 같이 고객 체험을 자극하는 가게로 계획되었습니다. Atrium 구조로 설계하고 전방위적으로 공간 디자인을 하여 인스타그램에 사진발을 추구하는 장소로 만들어 가면서도 사진만으로는 가게 체험이나 매력의 모든 것을 전할 수 없으니 실제로 점포를 방문하고 싶은 기분이 들게 하는 장치를 추가로 꾸미고 있습니다.

가게 내부로 들어서면 먼저 2층 천장까지 닿을 듯한 거대한 커피콩 로스트기가 눈에 들어오고 그 로스트기와 나란히 카페가 마련되어 있습니다. 가게 안은 4개 구역이 있고, 1층은 에스프레소를 즐기는 카페 구역과 드립 커피 구역, 2층

앞쪽은 홍차나 녹차, 안쪽으로 커피를 사용한 믹솔로지 계열의 음료(칵테일 같은 것)를 즐기는 구역으로 나뉘어 있습니다. 천장에는 생두가 컨베이어 벨트로 운반되고 있어 마치 공장에 들어선 듯한 현장감을 만들어 내고 있습니다. 거대한 로스트기로 전 세계에서 조달한 원두를 볶는 소리와 향기가 풍기고, 매장 내에 있는 여러 커피 전문가들과 커피 담론을 나눌 수도 있습니다. 최고의 커피 체험을 이루는 곳이라는 컨셉을 바탕으로 디자인되어 있습니다.

중국은 모바일로 무엇이든 불러올 수 있는 상황이기 때문에 집 밖으로 나갈 필요가 없어지고 있으며, 특히 백화점에는 사람이 모이지 않고 있습니다. 이에 대해 전방위 공간을 특화하여 꾸민다거나, 그때만 즐길 수 있는 일회성 이벤트를 하거나, 체험형 가게 및 팝업 스토어를 제공하는 등 이런 저런 방법을 동원하여 어떻게든 외출하게 만드는 경향이 있습니다. 스타벅스는 그 중 한 가지 성공 사례라고 할 수 있겠습니다. 이것을 토대로 오감에 호소하여 360도 전방위 체험을 제공하는 것과 같은 테마파크한 점포가 증가하고 있는 것을 실감할 수 있습니다. 후머의 리테일테인먼트도 역시 같은 맥락입니다.

'특별한 경험 제공이 많은 사람들을 밖으로 이끌어낸다.'라는 점에서는 웨어러블 카메라 메이커 고프로가 서핑 인구를 늘린 사례를 들 수도 있을 것입니다. 고프로라는 카메라의 등장으로 서핑 중에 생동감 넘치는 영상 찍기가 가능해지고, 그것을 유튜브 영상으로 보고 '나도 실제로 체험을 해 보고 싶다.'라고 생각하여 서핑을 시작하는 사람이 늘어났다고 합니다. 사람에게 자랑할 수 있는 체험 제공이 차별화 요인이 되어 그것이 공감(Engagement)으로 이어지게 되는 것입니다.

소셜 시대에는 다른 사람들에게 알려주고 싶을 만한 압도적인 체험이 화폐가 됩니다. 압도적인 체험은 가만히 놓아 두어도 소셜상에서 유통되고, 유통되는 정보에 자극받은 사람이 현장으로 가서 같은 체험을 하고 그것을 소셜에 올리고, 그 게시물로 인해 현장 방문자가 더욱 늘어나는 사이클이 일어납니다. 이렇게 내방객이 팬이 되면 브랜드 가치는 올라가고 광고비를 투입하지 않아도 고객 자신이 알아서 더 넓혀줍니다. 압도적인 몰입 체험 가치에 대해 인프라적으로 투자하는 것은 광고비를 매달 지불하는 것보다 효율적입니다.

'무인 계산대 자체는 별 가치가 없다.' 진정한 목적은 뭘까?

전 세계적으로 '무인 편의점, 무인 계산대'는 큰 화제가 되고 있으며, 각국에서 확산되고 있습니다. 고객 체험을 중시한 실제 점포가 주 세력이 되고 있는 가운데 왜 무인 편의점이 증가하고 있는 것일까요? 사실, 편의점에서 계산대 무인화 자체의 임팩트는 그리 크지 않을 것입니다. 편의점에서는 항상 새로운 상품을 진열하거나 캠페인을 실시함으로써 매일 바뀌는 신선함이 중요하며, 이를 위한 재고 관리 작업이 80% 정도를 차지한다고 합니다. 계산대가 무인이 되더라도 결국 이 80% 정도의 작업이 그대로 남아 있고, 큰 비용 절감은 이루어지지 않습니다.

중국에서는 지금까지 수많은 무인 점포가 탄생했지만 그 대부분은 망하고 말았습니다. 이런 큰 사회 실험이라고도 할 수 있는 무인 사례에서 승리한 가게에는 공통점이 있습니다. 계산대는 무인인데, 가게에는 직원이 있습니다.

직원은 즉석으로 핫밀을 만들거나, 인사를 하거나 안내를 하고, 손님이 원하는 상품을 찾아드리는 등 손님과 의사소통을 하며 보다 면밀한 서비스를 제공하고 있습니다.

제2장에서 설명한 것과 같이 중국의 도시 지역에서는 스탠드 커피 가게가 늘어나고, 계산은 거의 스마트 폰으로 QR 코드를 인식하는 형태의 모바일 결제가 되었습니다. 현금 결제와 크게 다른 점은 계산이 순식간에 끝나기 때문에 결제 과정을 거의 의식하지 않게 되었다는 점입니다. 결제를 의식하지 않게 되자 스탠드 커피 가게는 '커피를 사러 가는 가게'라기보다는 '착한 형이 커피를 내려주는 곳'으로 변합니다. 지금까지 '에스프레소는 18위안입니다.'라는 형식적인 대화를 했었지만 이제는 '안녕, 오늘은 뭐 마실래?'라는 대화를 나누며 추천할 만한 메뉴를 알려주거나 날씨 이야기를 하는 등 의사소통이 늘어갑니다.

무인화라고 하면 점점 서비스가 기계화된다는 그런 인상이 있는데, 실제로는 **직원과 보다 나은 의사소통을 하며, 보다 더 인간적이고 따뜻한 서비스를 제공하는** 가게가 살아 남았습니다. 이것은 실제 점포에서 고객과 접점하는 것이 얼마나 중요한지가 포인트라고 생각합니다. 이러한 현상에 대해 트위터의 공동 창업자이며, 급성장하고 있는 모바일 결제 스퀘어의 창업자이기도 한 잭 도시는 '심플리파이즈 더 월드'라고 부릅니다. 잭 도시는 '결제라는 작업은 상품을 파는 쪽과 구매하는 사람이 어쩔 수 없이 해야 하는 행위이고, 만약 이것을 단축하거나 불가시화할 수 있다면 쇼핑이라고 하는 행위는 원래의 인간 대 인간의 의사소통으로 돌아가서 팔고 싶은 사람과 사고 싶은 사람의 의식이 순식간에 연결될 수 있다.'라고 언급했습니다.

스타벅스는 스퀘어가 제공하는 얼굴 인식 디지털 결제를 도입하였으며, 그로 인해 사용자에게 있어서 Third Place를 실현할 수 있었다고 합니다. 이 서드 플레이스는 스타벅스사의 기업 이념입니다. 스타벅스에서는 고객을 맞이하는 실제 매장을 가정(First Place)이나 직장(Second Place)과는 다른 제3의 장소로 서드 플레이스라고 부릅니다. 그곳에서는 최상의 커피와 함께 직원들의 따뜻한 배려, 기분 좋은 커피 향과 음악, 여유로운 공간이 만들어 주는 아늑함 등이 제공되고 그것을 '스타벅스 체험'이라고 부릅니다. 스타벅스가 고객에게 제공하는 것은 커피라는 상품뿐만 아니라 통합적인 '스타벅스 체험'이라는 생각입니다. 바야흐로 1000원에 한 잔의 커피를 마실 수 있는 시대에 스타벅스는 커피 맛이라는 기능 가치를 제공할 뿐만 아니라 체험과 체험을 통한 소셜에서의 영향이라는 '감정 가치', '관계성 가치'를 제공하고 있습니다.

그렇게 생각하면 계산대에서 결제하는 것으로 생기는 '카페 라떼는 3,300원입니다.', '5,000원을 받았고 거스름돈은 1,700원입니다.'라는 형식적인 주고받기는 기분 좋은 서드 플레이스적인 고객 체험에 방해가 됩니다. 얼굴 인식에 의한 디지털 결제를 사용하면 결제가 빨리 끝날 뿐만 아니라 고객 얼굴을 보는 순간에 그 사람의 과거 주문 데이터를 조회할 수 있기 때문에 '평소에는 로스팅 센 것을 좋아하시네요, 지금 아라비카인데, 굉장히 좋은 콩이 방금 들어왔어요.'라는 본래의 서비스에 시간을 사용할 수 있게 됩니다. 결제라는 서로 어쩔 수 없이 하는 작업 공정이나 프로세스를 생략하다 보면 보다 인간다운 의사소통으로 돌아와 진정한 의미의 희귀한 고객 체험으로 이어지는 것입니다.

지금은 아무리 기능이 좋은 상품이라도 쉽게 복사되어 기능 가치로는 차별화하기 어려운 시대입니다. 하지만 체험은 복사되지 않기 때문에 서비스 체험에의

몰입을 중단시키지 않는 매끄러운 흐름(Frictionless)으로 진행하는 것이 중요합니다.

디지털로 보다 진화하는 '인간적인 개별 대응'

점포에서 직원들의 역할보다 더 극진한 접점으로서 교육이나 상담과 같은 개별 대응(제2장에서 설명한 하이 터치에 해당하는 것)을 들 수 있습니다. 이 개별 대응이라고 하는 접점도 역시 한층 더 체험화할 것입니다. 그 배경에는 당연히 디지털 기술 진화가 있고, 기계화에 의한 인간화(Humanized)라는 모순된 현상의 뚜렷한 사례로서 2006년에 설립된 교육계 비영리 단체인 '칸 아카데미'를 들 수 있습니다. 칸 아카데미는 유튜브에 다양한 교과 강좌를 게재하면서 자체 운영 사이트에서는 연습 문제와 교육자를 위한 도구를 무료로 제공하고 있습니다.

창시자인 살만 칸은 '유튜브를 이용한 교육은 교육의 인간화이다.'라고 말합니다. 언뜻 보면 기계를 통한 수업은 무기질적으로 보이지만 교실에서 교사가 가르치는 수업은 여러 학생들을 동시에 가르치기 때문에 학생 각각에 대한 개별 대응이 어려운 상황입니다. 수업을 따라가지 못해도 다른 학생들이 듣고 있기 때문에 '이 부분이 어려우니 가르쳐 주세요.'라고 반복해서 질문하기 어렵고, 반대로 이해하고 있는 학생들은 '동영상이라면 빨리 돌릴 수 있을 텐데'라고 생각하면서도 듣지 않으면 안 됩니다. 또 선생님의 컨디션이나 기분에 따라서도 한 사람 한 사람에게 충분히 대응이 되지 않는 날도 있을 것입니다. 그렇다면 유튜브로 수업을 듣는 편이 자기 속도로 배울 수 있고, 모르는 부분은 여러 번 반복해서 들을 수도 있을 것입니다. 칸이 제안하고 있는 것은 학생들이 먼저 집에서 유튜브 수업을 들으며 예습을 하고 학교에서는 동영상 수업에서 어려웠던 부분을 학생끼리 서로 가르쳐 주거나 교사에게 질문하는 방법입니다. 이렇게 하는 편이 훨씬 효과적이라는 지적도 있고 학교에서의 학습법도 바뀌고 있다는 것을 알 수 있는 부분입니다.

칸이 '유튜브를 이용한 교육은 교육의 인간화이다.'라고 말하는 것은 IT 기술을 도입하면 학생의 개별 과제에 대응하기 쉬워지므로 많은 사람을 대상으로 수업을 하는 대량 생산형 교육과 비교해서 학생 한 사람 한 사람에게 보다 사람답게 접근할 수 있다고 하는 의미입니다. 즉, 애프터 디지털 시대의 고객 체험은 데이터나 IT 기술을 활용해서 사용자의 실제 욕구를 해결하기 위해 사용자 한 사람 한 사람에게 어떻게 꼼꼼한 대응을 할 수 있는지의, 그것으로부터 얼마나 인간 대 인간의 의사소통을 이어 갈 수 있는지의 여부에 달려 있는 것입니다. 예를 들어, 중국 핑안 보험은 사용자와 항상 온라인으로 연결되어 고객 정보나 행동 데이터를 취득함으로써 사용자의 불편함이나 건강에 관한 불안을 해소해 주는 꼼꼼한 서비스가 호평을 얻어서 유명해 졌습니다. 핑안 보험의 설계사는 교통 사고를 낸 피보험자에게 즉시 보상금을 입금하고, 사고 대응을 하고 있는 동안 자녀의 마중을 자발적으로 해드리겠다고 합니다. 이러한 대응이 가능한 것은 고객의 행동 데이터를 많이 갖고 있기 때문에 심사를 빠르게 끝낼 수 있고 보험 설계사가 방대한 사무 작업을 할 필요도 없고, 또 평소에 고객과의 접점을 많이 갖고 있기 때문에 고객이 무엇을 고민하고 어떤 것에 어려움을 겪고 있는지를 파악하고 있기 때문입니다.

여기에는 두 가지 관점이 있습니다. 우선은 '자동화와 최적화'입니다. 이것을 할 수 있게 되면 사람이 일부러 하던 쓸데없는 작업이 없어집니다. 이로 인해 사람의 일자리가 없어진다고 생각하는 것이 아니라 '쓸데없는 일 처리나 정보를 수집하는 시간이 사라져 여유 시간이 생긴다.'고 파악합니다. 여유 시간은 사람에 집중하여 감동 체험이나 면밀한 의사소통이 가능하게 됩니다.

또 하나는 '개별화'입니다. 디지털 상에서 상시 접속하여 고객의 행동 데이터가 취합되어 있기 때문에 '고객이 불편한 순간과 그 불편'이 전후 관계나 그 사람의 특성을 포함하여 이해할 수 있게 됩니다. **제때 제대로 적절한 지원을 제공할 수 있다**는 것이 고객과의 새로운 교류(Engement)가 되고, 부가 가치가 되는 것입니다.

3 - 3
기술 진화에 의한 '대접 2.0'

사람들에게 전하고 싶은 공감과 감정 가치는 무엇인가?

접점보다 더 깊이 들어가서 감동 체험, 감정 가치 같은 주제로 들어가도록 하겠습니다. 일본에서 흔히 말하는 대접은 애프터 디지털 세계에서 어떻게 파악하면 좋은 것일까요? 다른 사람들에게 알리고 싶은 감동적인 고객 서비스 분야에서 유명한 기업으로는 신발 인터넷 쇼핑몰 자포스(Zappos)가 자주 거론됩니다. 자포스는 고객의 상상을 초월한 서비스로 큰 화제가 되고, 타사가 따라잡지 못할 만한 독자적인 기업 문화를 형성하고 있는 것으로도 알려져 있습니다.

수없이 많은 이야기 중 몇 가지를 짚어 보겠습니다. 고객이 원하는 신발을 자포스 샵에서는 취급하지 않았기 때문에 고객 위치의 상권 내에 있는 여러 구두 가게에 전화를 걸어 그 신발을 찾아 내고, 보관까지 했다가 연락을 줬다는 일화가 있습니다. 그 밖에도 어머니에게 선물을 하려고 자포스에서 구두를 구입했는데 그 어머니가 돌아가셔서 상품을 취소하고 싶다는 문의를 했더니 고객에게 조화를 보냈다는 에피소드가 SNS를 통해 퍼지고 있습니다.

자포스의 신규 고객은 3분의 2가 입소문으로 들어오고, 그의 4분의 3이 재구매 고객으로 되어 있다고 합니다. 이 회사의 광고비는 매출의 1%에 불과하지만, 10년만에 매출 1조원까지 성장하여 아마존이 8000억원에 매수했습니다. 거기에는 기업 문화에 간섭하지 않는다는 조건이 붙어 있습니다.

자포스처럼 지금까지의 고객 서비스 수준을 뛰어넘는 고객 체험을 제공하려면 경영, 백엔드 시스템, 종업원의 마음가짐까지를 함께 설계할 필요가 있습니다. 현장의 직원이 아무리 서비스 정신을 발휘해도 그것을 평가하지 못하거나 백엔드 시스템이 따라오지 않으면 당연히 잘 되지 않습니다. 거꾸로 되더라도 마찬가지입니다.

다음으로 안락한 접대와 꼼꼼한 서비스로 유명한 일류 호텔 '리츠-칼튼'의 사례를 소개합니다.

"사업가가 중요한 서류를 방에 두고 체크아웃해 돌아갔다. 서류가 없었으면 큰일 날 뻔했는데 직원이 바로 그 서류를 비행기로 보내줘서 무사했다."

"결혼 기념일에 숙박을 예정했던 부부가 긴급한 사정으로 부득이 취소했다. 우울해하고 있는데, 집 앞에 차 한 대가 서고 운전 기사가 나와 '더 리츠칼튼 호텔에서의 선물입니다.'라며 샴페인과 유리잔, 갓 구운 쿠키, 목욕 가운과 직원들의 축하 카드까지 배달해 줬다."

"뉴욕 리츠에 숙박했을 때 침대 베개를 단단한 베개로 바꿔 달라고 했었다. 그 다음에 모스크바 리츠에 머물렀을 때 그곳에서는 요구를 하기도 전에 이미 단단한 베개가 준비되어 있었다."

이러한 감동 체험의 사례는 너무 많아서 일일이 열거할 수 없을 정도입니다. 이러한 서비스 품질이 태어나는 배경에는 크레도(Credo)가 있습니다. 크레도란 '조직의 바람직한 모습을 나타낸 가치관'을 가리킵니다. 리츠 칼튼 사원에게 배포되는 교육용 책자의 첫 장에는 도표 3-1과 같은 그림이 그려져 있습니다.

그림 위쪽의 미스틱(Mystique)이라는 말은 다소 생소하지만, '신비성'이라고 번역할 수 있습니다. 일반적으로는 고객 자신도 알아채지 못했던 필요성에 대응하는 등 감동 체험의 원천이 되는 사고 방식을 뜻합니다. 리츠 칼튼 직원은 재량을 갖고 있어 자기의 판단으로 고객에게 미스틱을 제공할 수 있습니다.

동시에 중요한 것은 가장 아래에 있는 '기능성'입니다. 기능성이란 예를 들면 고객 입장에서 보면 '어쨌든 편리하고, 불편한 체험이 전혀 없는 것'이며, 호텔 입장에서 보면 '고객 데이터 보관과 감동 체험의 베이스가 되는 정보(숙박 횟수나 생일, 동행자 정보 등)를 활용할 수 있는 상태에 있는 것'입니다. 이러한 기능성이 충분히 갖추어졌기 때문에 '감동이 감동으로 될 수 있다.'라는 표현을 하고 있습니다. 평상시의 체험이 편리하고 쾌적하다는 토대가 있고, 거기에 한층 더 해서 미스틱이라는 실제 체험의 감동이 얹어지고, 결과적으로 좋아하게 될 수밖에 없는(Emotional-Engagement) 것을 분명히 나타내고 있습니다(도표 3-1).

[도표 3-1]

중국의 진동(京東, JD.com)도 리츠칼튼에 가까운 재량권을 직원들에게 부여하고 있습니다. 진동은 EC 서비스를 제공하고 있으며 중국에서는 알리바바의 천묘 다음으로 2위에 위치합니다. 이 회사는 자사에서 종합적 유통 시스템(Logistics)를 가지고 있기 때문에 배달원은 진동의 정직원입니다. 진동 배달원은 상품을 전달하러 가면 돌아오는 길에 고객에게 뭔가 한 가지 도움이 되는 일을 하는 규칙이 있다고 합니다.

예를 들어, 고층 아파트의 고층까지 짐을 배달할 때 도착 5분 전에 전화를 걸어 '지금 배달을 가는데 혹시 괜찮으시면 돌아오는 길에 쓰레기를 버려 드릴테니 쓰레기를 챙겨 두세요.'와 같이 연락한답니다. 고층 아파트 상층부에 사는 사람은 1층까지 내려가서 쓰레기를 버리기가 귀찮기 때문에 진동 배달원은 물건을 배달한 다음, 그 빈 손을 활용하여 자발적으로 도와준다고 합니다. 대부분의 고급 아파트는 1층 로비에 물건을 맡기는 것이 일반적이며, 기본적으로 배달원이 거주 구역에 들어가는 것이 허용되지 않습니다. 그러나 진동 배달원은 고객들이 환영하고 있기 때문에 거주 구역까지 들어가는 것이 허용되고 있다고 합니다.

이러한 사례는 **철저한 봉사 정신를 통해 경제 합리성이 성립된다는 종래 기적처럼 보였던 사례가 중국 평안 보험과 같이 기술에 의해서 실현되기 쉬워지고 있다**고 파악하는 것이 중요합니다. 압도적인 기능성 위에 희귀한 고객 체험이 더해져 게다가 정말로 난감할 때에 도움을 준다면 고객 감동은 극적으로 커집니다. 그렇게 되면 입소문으로 신규 고객을 더욱 확보할 수 있습니다. 이런 것들이 디지털, 데이터, AI에 의해서 보다 쉬워지고 있는 것입니다.

AI 기술의 진보에 대한 우려가 유포되고 있는 요즈음이지만 미래가 반드시 냉혹한 것만은 아닙니다. 이제까지의 'IT 기술을 도입한다.'라는 사고 방식이 아니라 애프터 디지털로 관점을 옮겨서 생각함으로써 '실제의 강점을 활용한다.'는 생각이 가능해지며, 보다 인간미를 느끼는 서비스를 제공할 수 있는 시대가 되었다고 생각해야 할 것입니다.

고객 체험은 일회성 '접객'이 아니다.

일본에서 이러한 이야기를 하면 '대접이 중요하죠.'라고 이해되기 쉽습니다. 일본은 현장에서의 접객 수준은 높지만 눈앞에 고객이 있을 때만 최선을 다하는 일기일회(一期一会)만에 지나치게 치우치는 경향이 있습니다.

예를 들어, 일본의 한 고급 호텔에 관련된 일인데 제가 아는 사람 중에 그 호텔을 좋아해서 가족끼리 자주 이용하는 분이 있었습니다. 그 분에게는 장애를 가진 자녀가 있었는데 그 자녀의 특성을 고려해 놀기 좋은 장소도 있고, 접객이 정중하고 매우 쾌적하기 때문에 자주 이용했다고 합니다. 하지만 '지난 번에는 여름에 오셨는데 저희 호텔은 가을에도 쾌적해요.'라며 추천해 주지도 않고, 매번 숙박을 할 때마다 '장애를 가진 아이가 있기 때문에 이런 것이 필요하다, 이러한 장소는 들어가기 힘들다.'라고 똑같은 설명을 반복해야 했다고 합니다. 결국 그 지인은 설명하는 고생과 심리적인 부담감도 있어서 다른 호텔로 바꿨다고 합니다.

이 사례는 확실히 비포 디지털적이라고 하지 않을 수가 없습니다. 상품이나 서비스를 받는 접점만을 생각하고 있는 상태이고, 애프터 디지털적인 '상시 접속', '디지털 상에서 항상 만날 수 있다.'라는 생각은 하고 있지 않습니다. 그러나 이제는 고객 체험을 1회에 그치는 단일 접점으로 끝내지 않고, 쭉 계속하여 고속으로 개선해야 하는 시대가 되었습니다. 고객을 접하는 부서뿐만이 아니라 회사 전체가 연계하여 1회성에 그치는 접점을 넘어 감동적인 고객 체험을 만들어 가는 것이 중요합니다. '물건에서 체험 가치로'가 아니라 '물건에서 함께 하기로'라는 의식으로 바꾸는 편이 좋지 않을까 생각합니다.

앞으로 무현금화나 5G의 도입이 진행되면 고객의 행동 데이터를 더욱 더 쉽게 대량으로 취득할 수 있게 되므로 '데이터를 최대로 활용한 대접'을 당연하게 할 수 있게 됩니다. 그때 상품이나 서비스를 고속 개선할 수 있는 애프터 디지털적인 기능성을 어떻게 가지고, '대접 2.0'으로 변화시킬 것인가, 우리 일본인에게는 미스틱적인 '꼼꼼히 배려하는 힘', '미리미리 행동하는 힘'이라는 문화적인 강점이 있으니까 관점을 애프터 디지털로 전환하여 움직일 수 있다면 분명히 그 힘이 최대화될 것이라고 믿고 있습니다.

3-4
고속화 및 세분화 하는 앞으로의 제조

접점의 이야기는 이 정도로 하고, 애프터 디지털의 세계에서는 제조가 어떻게 변화하는지를 설명합니다.

과거 중국의 심천은 '세계의 공장'이라고 불리고 있었지만, 현재는 많이 달라졌습니다. 엄청난 속도로 성장한 심천은 공장을 많이 세우거나 공장 근로자를 많이 고용할 수 있을 정도로 땅과 인력이 싸지 않고, 오히려 중국에서도 최고 수준이 되었습니다. 그런데도 계속해서 '제조 최첨단은 심천에 있다.'라거나 '실리콘밸리의 1개월은 심천의 1주일'이라고 합니다. 그 심천으로부터 앞으로의 제조에 대해 배울 수 있는 것은 매우 많다고 생각합니다.

심천에서 보이는 미래의 제조

우선 간단하게 심천이 어떤 장소인지 설명해 드리겠습니다. 심천은 차로 1시간 권 지역 내에 모든 제조에 관한 플레이어와 모든 부품이 다양한 루트로 갖추어져 있으며, 부품별 궁합을 알아내고서 연결시키는 설계 회사가 거래를 원활히 함으로써 기획~생산~수출까지를 초고속으로 실시할 수 있는 곳입니다. 모든 부품이란 최소 단위 부품에서 유닛으로 조합된 부품, 또한 거의 완성품 직전까지 조립된 부품 등을 말하며 단계별로 거의 모두 갖추어져 있습니다.

현지 연구원에게 최근 2~3년간의 변화를 물어본 결과 '신생 기업이나 소프트웨어 기업이 증가했는데 그러한 회사도 제조를 하는 시대가 되었고, 심천은 그에 부응할 수 있는 땅이니까.'라고 알려주었습니다. 지금까지는 제조를 하려면 여러 가지 자산을 가지고 있어야 했고, 수량도 어중간한 양으로는 발주를 하지 못했습니다. 개발력과 자금력이 있는 플레이어가 시행착오를 거쳐 개발한 후에 단번에 생산하여 유통하는 것이 보통이었습니다. 그러나 심천이라는 곳은 앞서 언급한 특징에 따라 필요한 부분(부품뿐만 아니라 공급망 상의 일부 자산까지)을 필요한 만큼만 꺼내거나 외부화하거나 빌리거나 할 수 있게 되었기 때문에 '**제조 부하가 한없이 확장되었다.**'라고 말할 수 있는 상태가 되어 있습니다. 이것만으로는 '그렇게 따져봐야, 오랜 역사와 기술력을 가진 기업은 이길 수 없다.'라고 생각하실 수도 있지만 OMO라는 생각을 적용하면 종래의 제조 기업에게도 위협이 됩니다.

OMO의 기본 개념 중 하나는 '고빈도 접점으로 데이터를 획득하여 프로덕트와 UX를 고속으로 개선한다.'라는 것입니다. 심천이라는 곳은 이를 실현하기에 가장 적합한 장소라고 할 수 있습니다. 예를 들면, 고객 접점도 많이 가지고 있고, 자금도 충분한 소프트웨어 회사가 제조를 실시하면 어떻게 될까요? 처음에는 그저 그런 품질로 시장에 내놓는다 하더라도 **고객 요구에 맞게 초고속으로 개선을 하여 최종적으로는 고객 요구를 가장 잘 포착한 상품을 제공**하게 될지도 모릅니다. 특유의 강점을 살려 모바일 앱을 사용하면 상품만으로는 얻을 수 없는 더 많은 접점을 확보할 수도 있을 것입니다.

실제로 공유 자전거는 이에 가까운 사례라고 할 수 있습니다. 2016년경 중국 도시에서는 세그웨이를 타고 다니는 사람들이 흔했는데 공유 자전거가 확산되면서 그 편리함 때문에 세그웨이는 도태가 되고, 기존의 자전거 업계도 파괴되어 버렸습니다. 공유 자전거 업계는 시장의 수요 변화에 맞추어 연달아 새로운 기능을 갖춘 자전거를 투입해 다른 경쟁자와의 차별화를 시도하여 사용자를 늘려 갔습니다.

중국에서 바코드 스캐너를 만들던 글로벌 대기업으로부터 '알리바바가 알리페이를 퍼뜨리기 위해 무료로 바코드 스캐너를 배포하게 되어 시장 점유율이 점점 낮아지고 있다. 하이엔드 스캐너를 만들어서 대항하고 싶은데 도와줄 수 있느냐?'는 상담 요청을 받은 적이 있습니다. 바코드 스캐너의 경우 이전에는 스캔 정밀도나 속도가 큰 차별화 포인트였지만, 기술이 진보하여 그러한 점에서는 큰 차이를 두기 어렵게 되었습니다. 알리바바는 바코드 스캐너 판매가 아닌 **구매 데이터 취득을 목표로 하기 때문에 그저 그런 품질인 상품을 세상에 확 뿌리고 알리페이라는 앱의 체험 품질로 가치 제공을 하며 승부**해 온 것입니다. 결국 그 기업에 대해 '이미 가치는 스캐너 그 자체가 아니고, 그 후의 데이터 처리에 있다.'라고 하여 스캐너의 신규 개발은 무산되었습니다.

모든 행동 데이터를 취득할 수 있게 되고, AI가 개별 사용자의 취향이나 경향을 파악할 수 있게 되면 상품의 개별화 대응까지 자동화될 것으로 예상됩니다. 획일적인 상품을 대량 생산하는 것이 아니라, 기호에 맞춘 여러 가지 패턴으로 다양하게 디자인하여 만든다는 흐름도 이미 일어나고 있습니다. **변화가 빠르고, 유동적인 시대이기 때문에 고객의 요구를 이해하고 개별 대응이나 고속 반영을 할 수 있는 회사만이 살아남을** 것을 예측할 수 있습니다.

글로벌에서의 OMO형 제조

이러한 제품 만들기의 변화는 지역을 가리지 않고 일본에서도 일어날 수 있는 일입니다. 이미 상기와 같은 제조 방식은 전 세계적으로 이루어지고 있습니다. 예를 들어, 예전에 심천에서 방문했던 PCH라는 기업은 아이디어 내기부터 시제품 구현, 양산부터 세계 유통까지 도맡아 주는 원스톱형 제조 지원 기업입니다. 글로벌에서의 심천 활용을 효과적으로 하는 회사이고, 본사는 아일랜드에 있으며, 상품의 기획이나 아이디어 내기는 최고의 영재가 모이는 실리콘밸리에서 실시하고, 아이디어가 구체화되면 그것을 심천으로 가져와서 고속으로 검증(Prototyplng)하고, 라인에 올려서 중간 규모로 생산한 후 다른 유통 과정을 거치지 않고 심천에서 직접 최종 소비자에게 배송합니다. 메인 클라이언트는 거의 유럽이라고 하는데, 저희가 방문했을 때에는 디지털 계열 프로덕트뿐만이 아니라 상품의 수납 케이스가 되는 가죽 제품과 소비자가 보낸 화상을 개별적으로 프린트하는 커스터마이즈형 스마트 폰 케이스 등이 생산되고 있었습니다.

원래 심천은 중국의 OMO 촉진을 지지하는 역할을 하고 있었다고 말할 수 있습니다. 제2장에서 설명한 리카이푸의 의견에 따라 OMO 발생 조건을 정리하면 '스마트 폰의 보급', '전자 지갑의 보급', '센서의 염가화', 'AI의 발달'인데, 이 중 스마트 폰과 센서는 심천의 강점입니다. 그리고 PCH에서 알 수 있는 것은 심천이라는 곳은 이제 중국 OMO를 뒷받침하는 장소가 아니라 글로벌 제조의 고속화를 지탱하는 곳이라는 점입니다.

기획이나 아이디어 내기와 검증을 왔다갔다 하며 상품을 개발하는 프로세스는 인터넷에 의해 지구 반대 편 만큼 장소가 떨어져 있어도 할 수 있게 되었습니다. 그러면 창의력을 형상화해서 그 PDCA를 고속으로 돌리는 과정도 쉬워지고, 새로운 물건이 연달아 시장에 나왔다가 도태되기도 하고 개선되기도 합니다. 그 결과 신생 기업도 아이디어나 창의성을 살려 제조를 할 수 있는 시대가 되었으며, 그것을 지탱하고 있는 글로벌 전쟁터로서 심천이 있다고 볼 수 있습니다. 그러나 반드시 심천을 이용할 필요는 없고, 같은 고속 루프를 계속 돌릴 수 있다면 어디든 상관없습니다. 다만, 애프터 디지털에서 제조가 어떻게 변화하는지 인식할 필요는 있습니다.

---
3 - 5
신기하고 특이한 일본의 강점

여기까지 살펴본 것과 같은 맥락에서 이야기를 하자면 일본은 느린 변화 속도와 기득권 다툼이나 규제 등 여러 가지 할 수 없는 이유를 이야기할 수 있습니다. 확실히 국가로서의 제도는 중국과 일본이 크게 차이가 있고, 중국에서 2015년부터의 디지털 발전은 규제 완화, 즉 '해서는 안 되는 것을 결정하는 제도'에 의지하고 있습니다. 이에 비해 일본은 '해도 좋은 일을 결정하는 제도'가 보통입니다. 세그웨이 같은 새로운 탈 것이 길거리를 달리는 것에 대해 생각해 봐도 알 수 있는 것이 일본에서는 도로 교통법으로 아직 정해져 있지 않으면 '해도 좋다고 쓰여있지 않으므로 불허'라고 한다면 중국에서는 '아직 결정하지 않았으므로 일단은 OK'가 됩니다. 이 완화를 특정 업계에서 실시한 인터넷 플러스라는 정책은 2015년 이후 중국의 눈부신 진보를 만들어 낸 배경으로 알려집니다.

이러한 국가 레벨에서의 가속화가 일본에서도 일어날 수 있는지는 다른 차원의 논의이지만 그러한 논의를 제쳐두더라도 일본에는 다양한 강점, 좋은 점, 특이성(Uniqueness)이 있으며, 그것을 살려서 살아남기 위해서는 관점을 애프터 디지털로 변환하는 것이 가장 중요하다고 생각합니다.

장난과 사람의 따뜻함이라는 불가사의한 강점

이전에 텐센트의 UX를 담당하는 가장 높은 분을 만났을 때 '일본의 대단한 점은 무엇이라고 생각합니까?'라고 물었더니 다음과 같은 대답이 돌아왔습니다.

"저는 일본을 존경합니다. 이유는 두 가지입니다. 첫 번째는 까불기나 놀이, 애니메이션이나 코스프레도 그렇지만 뭔가 의미없는 일에 비정상적인 열정을 쏟고, 독특한 문화와 발명을 하는 점이 정말 대단하다고 생각합니다. 또 하나는 따뜻함과 유대감입니다. 일본의 문화나 작품에서 느낄 수 있는 사람들 사이에서 자연스럽게 흐르고 있는 따뜻함 같은 것은 중국에서는 좀처럼 찾아보기 어려운 것입니다. 이런 성숙한 문화는 저희들이 앞으로 배워야 할 부분이라고 생각합니다."

사실, 비비트가 중국에 진출했을 때도 비슷한 말을 들었습니다. 한 글로벌 기업에서 중국인 임원이 고문을 맡아주실 때 이렇게 말씀하셨습니다.

"내가 당신들의 고문을 흔쾌히 맡은 이유는 일본인이나 일본 기업에는 독특한 따뜻함이 있어 그것을 중국에 가져다주지 않을까 생각했기 때문입니다. 예를 들면 유니클로는 ZARA에 비해 왠지 따뜻하다, 무지(muji)도 심플한데 왠지 따뜻함이 있다, 그런 느낌, 저희에게 없는 가치를 배울 수 있지 않을까? 하는 생각이 들어서입니다."

이 두 사람은 중국을 이끌어 온 일인자입니다. 그런 두 사람이 나란히 같은 말을 하고 있는 것입니다.

ID에 대한 IP의 강점

디지털 선진국의 큰 장점 중 하나는 ID를 장악하는 힘, 즉 모든 정보를 개인 ID로 연결하여 활용할 수 있는 플랫폼으로서의 힘에 있다고 할 수 있습니다. 중국 사례뿐만이 아니라 이른바 GAFA(Google, Amazon.com, Facebook, Apple)도 같습니다. 이러한 세계의 조류에 있어서 일본의 우위성은 어디에 있는가를 생각했을 때에 역시 컨텐츠나 캐릭터 비즈니스 등의 IP(Intellectual Property)는 강점이 될 것입니다.

바야흐로 중국도 국산 애니메이션이나 국산 게임으로 승승장구하고 있는 시대이지만, 2차 창작 그 자체가 문화나 시장까지 확산되고 있는 일본의 커뮤니티 형성력과는 비교할 수 없습니다. 중요한 것은 캐릭터 그 자체가 아니라 거기에 함께 짜인 세계관이나 컨셉입니다. 그것이 사람을 매료시켜 사람이 모여들고, 연결되고, 유대감과 따뜻함을 형성해 가는 것입니다. 이 관점을 전하는데 있어서 세계적으로 주목받고 있는 일본인으로 방송 작가이자 각본가인 코야마 쿤도(小山薫堂)씨를 들 수 있습니다. 코야마씨는 지금 마을 차원의 컨셉을 만들 수 있는 크리에이터이자 프로듀서로서 중국의 스마트 시티화나 도시 조성의 안건이 몇 개씩이나 날아오고 있다고 합니다. 중국에서는 쿠마몬(くまモン, 일본 쿠마모토현의 지역 캐릭터)이 인기를 얻고 있으며, IP를 사용한 마을 부흥을 프로듀스한 일인자로서 각광받고 있는 것입니다.

원래 코야마씨는 쿠마모토 출신으로 어른이 되어 고향인 쿠마모토에 돌아왔을 때 어린 시절에는 느낄 수 없었던 쿠마모토의 장점을 실감했다고 합니다. 일반 도시의 PR과 같이 지역 외의 사람에게 명소나 특산품을 소개, 판매하는 것이 아니라 쿠마모토에 사는 사람들이 쿠마모토의 좋은 점을 재발견하여 스스로 PR해 나가는 시스템이 있으면 재미있겠다는 발상에서 '쿠마모토 서프라이즈'라는 기획을 착안했고, 그 캐릭터로 쿠마몬이 태어났습니다. 쿠마모토현민에 의한 쿠마모토를 위한 깜짝 기획인 것입니다. 쿠마모토 내부인이 스스로 발견한 쿠마모토의 매력과 서프라이즈를 '이 곰돌이 캐릭터를 사용해서 마음대로 정보 발신해도 좋습니다.'라는 플랫폼을 만든 것입니다. 그 결과 쿠마몬을 다양한 사람들이 사용하기 시작하여 모든 곳에서 쿠마몬을 볼 수 있게 되고, 결국에는 중국까지 그 인기가 알려졌다는 것입니다.

지금까지 설명한 바와 같이 중국에서는 텐센트, 알리바바, 기타 디지털 플레이어와 정부의 통제에 의해 고객의 구매 행동 데이터나 이동 데이터 등 모든 행동을 활용할 수 있게 되었습니다만 거기에서 할 수 있는 것은 최적화입니다. 틱톡을 비롯한 색다른 서비스도 물론 생겨나고 있지만 신용 가시화와 불필요한 프로세스 배제 등 사회 원활화에는 일정한 활용 방법이 있고, 방법론화 됨으로써 평준화되어 갑니다.

예를 들어, 스마트 시티는 중국에 있어서 주력 토픽 중 하나이며, 데이터라는 자원을 사용하여 어떻게 좋은 도시를 만들어 갈지를 고민하고 있는데, 기본적으로 중국의 스마트 시티는 '교통 제어', '행정과 의료 디지털화'에 초점이 모아지는 것입니다. 그렇게 되면 '편리하게 한다.'라는 문맥만으로는 결국 차별화를 할 수 없게 되는 것입니다. 그 결과로서 커뮤니티를 만들며, 따뜻한 특징이 있는 도시로 만들고 싶다는 사고 방식에 도달했고, '쿠마모토 서프라이즈'라는 마을 부흥은 엄청나게 매력적인 사례로 보여 여러 스마트 시티 기획이 코야마 쿤도씨에게 밀려드는 것입니다.

디지털로 인하여 오프라인이 없어지고 모든 행동이 데이터가 되어 ID에 엮였을 때 개별 최적화나 효율화에 의해서 많은 편리성이 생깁니다. 이것은 정말 중요한 일입니다만 그러한 편리성이 당연하게 되면 각각의 서비스는 개별 최적화나 효율화가 아니면 차별화할 수 없게 됩니다. 그럴 때에 사용자와 기업을 연결하는 귀중한 접점을 만들어 내는데 있어서 IP(Intellectual Property)의 힘을 활용할 수 있으리란 것이 이런 사례로부터 얻을 수 있는 교훈입니다.

정보에 의한 부가 가치, 환경에 의한 부가 가치

여기까지 읽고 '결국은 브랜딩이다.'라는 결론이 얻어지면 비포 디지털인 채 변하지 않고 IP를 계속 만들게 될 지도 모르기 때문에 또 하나 있어야 하는 관점을 덧붙여 설명드립니다. 지금까지 광고의 상당수는 정보에 의한 부가 가치를 지향하고 있었습니다. 특정 상품이나 기업에 대해 각별한 감정이 없는 상태에 대해 백스토리 및 공감대를 형성하는 브랜딩을 실시하여 가치를 부가함으로써 각별한 감정을 만들어 왔습니다. 이것 자체가 훌륭한 기술이고 저도 많이 좋아하는 브랜드가 있습니다. 이러한 기술은 애프터 디지털에 있어서도 큰 기반이 될 것입니다.

애프터 디지털에 대해 IP의 힘이 공헌한다고 쳐도 디지털로 언제든지 접점을 취할 수 있는 상황을 근거로 하는 것이 중요합니다. 코야마 쿤도씨의 구마모토 서프라이즈가 대단한 것은 그것이 커뮤니티를 만드는 구조이며, 자발적으로 모두가 함께 넓혀가는 환경이라는 점입니다. 이 사례는 크게 디지털을 활용한 것은 아닙니다. 따뜻함이 넘치기 때문에 그렇게 파악되지 않을 수도 있지만 '환경을 설계하고 행동을 촉진하며, 그곳에서 태어난 체험에 가치가 있다.'라는 의미로는 지마 크레디트나 택시 앱 디디와 비슷한 사례인 것 같습니다. 중국의 스마트 시티 안건이 코야마 쿤도씨에게 몰리는 것도 단순한 캐릭터 브랜드가 아니고, 이러한 커뮤니티 만들기에 가치를 느끼기 때문이라고 할 수 있습니다.

상품을 사용할 때나 눈에 띄었을 때에 떠오르는 뒷이야기가 아니라, 사용자가 그 세계관 위에 올라가서 거기에서 얼마나 자발적으로 의사소통이나 체험을 창출해 나가는지가 요구됩니다. 그것은 단순한 정보에 따른 부가 가치가 아니고, 환경이나 시스템을 설계하는 것에 의해서 만들어지는 체험 가치라고 할 수 있습니다. 일본의 젊은 세대 문화를 보고 있으면 그러한 것이 자연스럽게 성립되는 토양이 있다고 느껴집니다. 다른 나라 사람들이 갖지 않은 일본인의 근본적인 강점이라는 것입니다. 이러한 강점을 살리려면 이 책에서 설명하고 있는 OMO 관점으로 바꿔야 한다고 생각합니다.

제 4 장

애프터 디지털을 겨냥한
일본식 비즈니스 변혁

4-1
다음 시대의 경쟁 원리와 산업 구조

상황, 문화적 배경, 관습 등이 특이한 일본 기업에서는 지금까지 언급한 사례와 똑같은 변혁이 쉽지 않을 것입니다. 당연히 글로벌 공통의 사고 방식과 일본 기업만이 가능한 사고 방식에는 차이가 있습니다. 마지막 장에서는 일본이 취해야 할 디지털 트랜스포메이션의 방법 한 가지를 전해드리고 싶습니다. 우선, 앞 장까지 말씀드린 요점을 대략 복습하겠습니다.

애프터 디지털의 도래

- 디지털이 온 세상에 침투하여 상시 접속이 당연해지면 지금까지 오프라인이었던 행동을 포함하여 모든 행동 데이터가 온라인 데이터가 되고 아이디로 연결됩니다.
- 사람들의 감각으로도 디지털 세계에 살고 있는 것 같은 상태가 되어 온라인과 오프라인을 구분하지 않게 됩니다.

비즈니스 형태의 변화

- 대량으로 데이터가 나오게 되어 OMO로 생각할 수 있게 되면 기업체가 할 수 있는 일이 달라집니다.

- 소매업의 경우 허마셴성은 그 방대한 행동 데이터로부터 주요 대상 고객이 살고 있는지 여부를 파악한 다음 점포를 출점합니다. 온라인의 편의성과 오프라인의 확인할 수 있는 안심을 연동하며 고객을 매료하여 원하는 것을 원하는 방법으로 원할 때에 살 수 있도록 하는 것입니다. 나아가 온라인과 오프라인 양쪽의 구매 및 열람 데이터를 사용하여 예측을 포함한 재고 및 매입을 관리할 수 있습니다.

- 의료의 경우 핑안 보험은 원래 고객과의 접점이 거의 없었습니다. 접점이 있어야 데이터를 얻을 수 있기 때문에 스마트 폰 앱을 개발하고 그런 상황을 바꾸었습니다. 의사가 해주는 연중 무휴 무료 문진 및 예약이라는 콘텐츠와 헬스 케어 정보 열람 및 걷기만 하면 쌓이는 포인트 프로그램이라는 빈도 높은 기능을 앱에 접목하여 고객과의 접점을 만든 것입니다. 그리고 고객의 이용 이력을 통해 파악한 속성, 선호, 상황 정보를 사용하여 영업 직원이나 마케터, 콜센터와 연동하여 가장 좋은 타이밍에 고객에게 새로운 제안을 할 수 있게 되었습니다.

- 이동의 경우 디디는 운전과 접객의 품질을 점수로 가시화하고, 또한 그 점수를 성과 보수로 지급하여 보다 높은 운전 품질의 이동 체험을 가능하게 했습니다. 또한 운전자뿐 아니라 승객도 평가하게 되어 있으므로 승객 측도 빈번히 취소하거나 나쁜 태도를 취하기가 어려워지고, 좋은 승객(및 좋은 호출 건)과 좋은 운전자가 매칭되는 구조로 되어 있습니다.

이러한 사례를 토대로 하면 애프터 디지털 시대의 비즈니스 원리는 다음의 두 가지로 정리할 수 있습니다.

> (1) 고빈도 접점에 의한 행동 데이터와 경험 품질을 선순환할 것
>
> (2) 타깃 뿐만 아니라 최적의 타이밍에 최적의 콘텐츠를 최적의 의사소통 형태로 제공할 것

이 두 가지 사항에 대해서 설명하겠습니다.

(1) 고빈도 접점에 의한 행동 데이터×경험의 루프

비즈니스 원리의 첫 번째는 다음과 같은 루프를 과정으로 합니다.

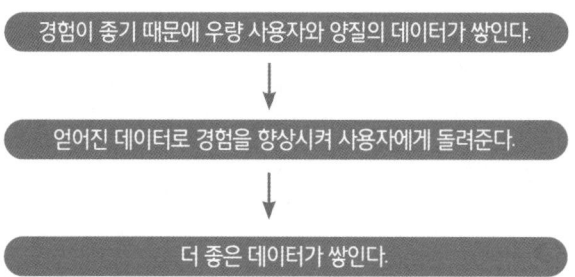

이때 흔히 있는 것은 '저희 회사는 고객과의 접점이 1년에 한 번밖에 없습니다.'라는 상황입니다. 특히 매절형 모델이나 정기 갱신형 모델에서 그렇게 됩니다만 이렇게 해서는 루프를 돌릴 방법이 없습니다. 자사 또는 인접하는 서비스와의 에코 시스템에 의해서 어떻게 고빈도 접점을 만들어 가는지를 생각하고 실행할 필요가 있습니다.

'좋은 경험을 제공한다.'는 것이 좀처럼 상상하기 어려울 수도 있습니다. 추천할 것은 빈도 및 접점의 특성에 따라 레벨을 나누는 것입니다. 제2장에서 설명한 하이 터치, 로우 터치, 테크 터치의 이야기와 동일합니다.

하이 터치

한 사람 한 사람의 고객에게 개별 대응할 수 있을 때는 **감동과 신뢰를 줄 수 있는 철저한 대응**을 제공합니다.

로우 터치

워크숍, 이벤트 등의 '장'에서는 **실제라서 가능한 편안함과 얻기 힘든 밀도의 정보**를 제공합니다.

테크 터치

온라인 서비스와 온라인 살롱에서는 **과정이 짧고 편리하며 더 높은 빈도로 사용하면 이득**을 볼 수 있다는 점을 활용하여 성과 보수를 제공합니다.

각각의 접점에서 다른 체험을 제공하여 그것들을 균형있게 배치 및 설계하는 것이 바람직합니다. 개별 ID로부터 취할 수 있는 데이터를 기본으로 가능한 한 최적화하고, 데이터로부터 시류(풍조나 유행)나 요구를 읽고서 새로운 수법을 찾아내어 신속하게 제시해야 합니다.

덧붙여 '좋은 체험으로 개선하여 사용자에게 돌려주기 때문에 데이터를 맡길 수 있다.'는 것은 제3장에서 설명한 데이터 윤리의 관점이 중요하며, 사용자의 신뢰가 전제 조건이 됩니다. 특히 공공연하게 빅데이터를 보관, 취급하는 대기업에 대해서는 데이터를 활용하여 얼마나 사회 공헌을 할 것이냐는 수준까지 요구됩니다. 예전에 알리바바의 담당자에게 '이렇게 많은 데이터를 가지고 있으면서 활용하는 것을 국민은 어떻게 생각하는지 알고 계시나요?'라고 질문한 적이 있습니다. 대답은 이랬습니다.

"데이터를 어떻게 사용하는지, 한 사람 한 사람이 지켜 보고 있다고 항상 의식하고 있습니다. 그래서 얻은 데이터를 도시 설계나 교통 데이터에 활용하고 또 나무를 심기도 하며 사회에 환원하는 활동을 하고 있습니다."

편리하고 신뢰할 수 있는 기업 및 서비스라면 자신의 데이터를 제공해도 무방하다고 생각하는 것이 보통이고 반대로, 데이터를 제공받았다고 강매를 반복 시도하는 회사에 대해서는 부정적인 이미지를 갖는 것이 당연한 것입니다. 이러한 부정적인 이미지를 가지는 회사나 서비스와의 접점은 급격히 접하는 빈도가 떨어집니다. **불편하고, 고객을 속이고, 돈이 빠져나가는 서비스는 고빈도 접점과 고부가 가치가 필수인 애프터 디지털 시대에 도태되어 갈 것입니다.**

접점을 가지고 있는 플레이어에 의한 파괴적 임팩트

고빈도 접점과 고부가 가치에 의해 완전히 다른 업계에 경이로운 수법이 태어난 사례를 하나 소개합니다. 알리바바 산하 알리페이(회사명은 앤트-파이낸셜)의 상호 보험 사례입니다.

알리페이는 중국의 많은 사용자가 매일 사용하고 있는 결제 앱이며, 저도 하루에 최소 5번은 열어서 사용하고 있습니다. 그 알리페이를 통하여 보험 상품 상호보가 출시되었습니다. 이른바 상호형 보험으로 예를 들어 100명이 가입한 상태에서 1명이 부상을 당하면 100명이 의료비를 나누어 부담한다고 하는 보험의 기원이 되는 생각을 디지털상에서 실현한 상품입니다.

늘 사용하는 알리페이에 어느 날 갑자기 '상호보'에 대한 안내가 떴습니다. 한 번의 버튼 클릭으로 가입할 수 있었고 무료라서 하루에 30만명이 가입했습니다. **하루 30만 명도 엄청납니다만, 8일 만에 1,000만 명, 2주 만에 2,000만 명이 넘는 사람이 가입했다고 합니다.** 중국은 일본과 달리 보험에 대한 이해는 침투되어 있지 않으며, 보험 회사는 열심히 필요성을 알리면서 가입자를 확대하고 있는 상황임에도 불구하고 단순한 보험 하나로 2,000만 명의 사람들이 '보험은 이것으로 충분하다.'라고 생각해 버리는 상황을 만들어 냈습니다.

상호보를 좀 더 자세히 설명하면 한 달에 두 번 서류 신청 시점이 있고, 다쳤거나 아픈 사람이 필요 서류를 내고 심사를 통과하면 가입자 전원이 더치페이로 치료비를 부담하고 그 결제가 알리페이에서 자동으로 인출되는 구조입니다. 심사 서류는 보험 가입자 전원이 언제든지 확인할 수 있고, 이의를 제기할 수도 있다고 합니다. 모수가 증가할수록 부담금이 줄어드는 구조로 앱에서는 가입자 수가 표시되기도 하여 입소문을 타고 경쟁적으로 가입하는 현상이 일어났습니다. 보험 가입 자격으로 신용 점수인 지머 크레디트가 650점 이상인 사람들만 대상으로 하여 가입자는 한정되지만 '신뢰할 수 있는 사람만이 가입한다.'라는 안도감이 퍼졌습니다.

또한 알리바바는 관리비로 10%를 징수하고 있습니다. 예를 들어 이번 달의 부담액이 1,000만원이라면 거기에 100만원을 추가해서 징수하고 그 100만원이 알리바바의 몫이라는 구조입니다. 품질이나 리스크 관리 등 전문적인 관점에서 따지자면 얼마든지 허점이 있다고 생각합니다만 6억 명의 사용자가 매일 사용하는 앱에서 게임 감각으로 이런 일을 당한다면 바로 가입할 수밖에 없겠지요.

(2) 최적의 타이밍에 최적의 콘텐츠를 최적의 의사소통 방식으로 제공한다.

비즈니스 원리의 두 번째로 포인트를 설명합니다. 개인의 본성이나 특성(Persona)을 기반으로 '최적의 목표 고객층을 설정하고 파악한다.'는 것은 PC 및 인터넷 시절부터 가능했습니다. 애프터 디지털 시대에는 상시 접속으로 취득한 높은 빈도의 행동 데이터 파악에 의해 타겟 뿐만 아니라, **고객이 원하는 타이밍을 알 수 있고 예측도 가능해지며, 어떤 콘텐츠(상품 포함)가 최적인지를 과거 행동과 현재 상황으로부터 유추할 수 있으므로, 그 사람의 성격이나 특성에 맞는 의사소통 방식으로 제공할 수 있게** 됩니다. 핑안 보험의 사례는 바로 이에 해당합니다.

'서비스를 계속 사용하면 적당한 때에 원하는 것을 기분 좋은 커뮤니케이션으로 제공해 주니까 이를 이길 수 있는 건 없다.' 이것은 행동 데이터를 바탕으로 한 고객 이해와 즉시성이 중요하다는 것을 보여줍니다. 그 실현에는 당연히 기술이 중요하게 됩니다. 타이밍이나 요구를 예측하는 AI 외에 대량으로 나오는 ID별 정보를 처리하고 분류하는 기술도 필요합니다. 최대한 빨리 실시간으로 처리할 수 있으면 있을수록 유리하므로 역동적인 정보를 취급할 수 있도록 하는 것이 필수 조건입니다.

핑안 보험이 실시간으로 개별화 대응 서비스를 제공할 수 있는 것은 서비스를 지지하는 구조에 그 비결이 있습니다. 고객과의 접촉 이력을 일괄적으로 관리하는 사내용 정보 플랫폼 LCCH(Life Customer Contact History)가 있으며, 고객마다 과거에 발생한 다양한 의사소통 기록을 수집해서 고객 개개인의 서비스 종합 카드를 작성합니다. 종합 카드 안에서는 지금까지 제공한 서비스와 아직 제공하지 않은 서비스를 관리하고, 또한 그 고객이 어떤 서비스를 선호하는지도 예측하고 있습니다. 정보를 모아서 고객 요구를 깊이 이해할 수 있게 되었기 때문에 전문적이고 고객 상황에 부합하는 서비스의 제공이 가능합니다.

LCCH는 크게 3가지 기능으로 나뉘어 있습니다(이하, 비비트 번역의 '핑안 보험 그룹의 충격'에서 인용).

타임라인

시간 축에 따라 다양한 채널에서 발생한 접촉 이력(예를 들어 각종 절차의 신청, 문의, 웹 사이트 열람, 영업 직원과의 소통이나 그 때의 자세한 고객 체험 등)을 기록하는 기능으로 서비스 제공 측은 타임라인을 통해 종합적으로 고객과의 과거 접촉 상황을 확인할 수 있습니다.

페르소나

고객의 페르소나를 작성하여 LTV(Life Time Value)와 니즈-기호를 분석함으로써 고객의 라이프 스테이지와 보험 상품 보유 상황, 행동 특성이나 기대되는 LTV 등 열쇠가 되는 요소에 대한 라벨링을 실시하는 기능으로 특히 현 시점에서의 고객 가치와 잠재적인 고객 가치 예측을 바탕으로 고객 가치 라벨은 어느 고객에 중점적으로 서비스를 제공해야 할지를 결정하는 중요한 요소가 됩니다.

팁스

접촉 이력의 분석과 더불어 보험 계약의 상황과 그 고객의 특징을 연결함으로써 잠재적인 요구를 밝혀내고, 보다 나은 서비스를 제공하기 위한 팁스를 제공하는 기능입니다. 팁스는 크게 5가지 카테고리(고객 팔로우, 보험 내용 리마인드, 적절한 상품 및 서비스의 추천, 배려심 있는 응대, 고객 응대 시 리스크에 대한 주의 환기)로 100 종류 가까이 제공하고 있으며 서비스 개선에 활용하고 있습니다.

고객이 앱을 사용하거나 사이트를 방문하거나 실제로 영업 사원과 직접 만난 경우 그 모든 정보가 일괄로 관리되어 그룹 회사 전체를 횡으로 연결한 접점 데이터베이스가 되고 있습니다. 핑안 보험 그룹은 그러한 고객과의 접점 정보로부터 팁스를 나타낼 수 있으므로 고객에게 정밀도 높은 제안을 할 수 있습니다. 행동 데이터를 취득하면 파악할 수 있는 타이밍, 콘텐츠, 커뮤니케이션을 제어함으로써 고객에게 최고의 체험을 제공할 수 있게 됩니다. 그리고 이 최고의 체험을 제공받은 고객의 행동 데이터를 모아 다음 고객에게 제공할 업그레이드된 최고의 체험을 만드는 루프가 생깁니다.

즉, 애프터 디지털 시대에서 비즈니스 원리의 첫 번째 포인트인 '행동 데이터와 체험의 루프를 순환한다.'와 두 번째 포인트인 '최적의 타이밍에 최적의 콘텐츠를 최적의 커뮤니케이션으로 제공한다.'를 충족하고 있음을 알 수 있습니다. '기업 경쟁의 초점이 제품으로부터 체험으로 바뀐다.'라고 표현할 수도 있지만, 이것을 물건으로부터 경험이나 스토리라고 말하면 본질에서 벗어납니다. **단일 접점형에서 상시 함께 하는 형태가 된다는** 표현이 적절할 것입니다. 데이터를 취득하거나 시스템을 구축하는 것에 눈길이 가는 경향이 있는데 '체험(Experience)으로 가치를 제공한다.'는 관점이 빠져서는 안 됩니다. 다시 한번 강조하겠습니다. 여기에서 설명한 것을 애프터 디지털의 비포, 애프터로서 (도표 4-1)에서 표시합니다.

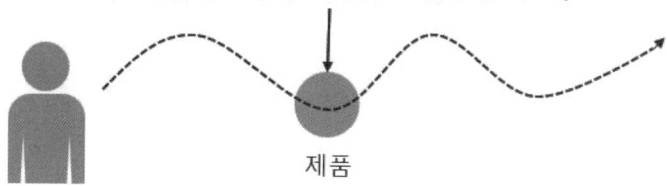

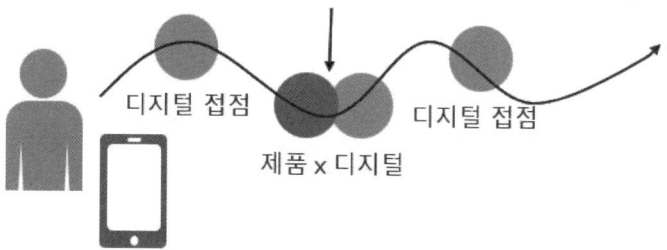

[도표 4-1]

제4장 • 애프터 디지털을 겨냥한 일본식 비즈니스 변혁

새로운 산업 구조

단일 접점형에서 상시 함께 하는 형태가 되는 것으로 업계 구조와 산업 구조도 변화합니다. 지금까지는 특별히 아무 데이터도 남지 않기 때문에 어쨌든 끝까지 다 팔면 되고, '잘 팔리는 물건이 있느냐 없느냐가 가장 중요했습니다. 그러므로 **제조사 주도로 제조가 1순위이며, 그것을 유통이나 소매점을 통하여 어떻게 잘 팔 것인가 고민하는 구조**였습니다. 시가 총액 등을 보면 제조의 토대가 되는 인프라(원료, 에너지, 통신 등) 기업이 제일 컸습니다. 그러나 어느 정도 시장이 성숙해지자 인프라 공급이 당연해지며 제조가 일반화되고, 부가 가치를 창출해 주는 부분이 점점 체험형으로 변해갑니다. 여기에 애프터 디지털의 도래가 합쳐지면 고객과의 접점을 갖고, 거기에서 취득한 행동 데이터로 고객을 가장 잘 이해하고, 언제든지 고객과 연결할 수 있게 된 존재로 가치가 이동됩니다. 당연히 고객은 편의성이 높은 서비스를 좋아하고, 신뢰할 수 있고 좋아하는 기업의 서비스에만 시간을 사용합니다.

그 결과 **데이터 주고받기가 새로운 인프라가 되어 수익을 창출하기 가장 쉬운 구매 데이터를 보다 많이 가지고, 그것을 고객 ID와 제대로 연결할 수 있는 플랫폼 공급자가 정상에 군림하는 도식**이 생겨납니다. GAFA도 그런 움직임을 보여주고 있는데, 새로운 산업 구조에서 최상위를 차지하는 것은 결제를 장악한 플랫폼 공급자가 됩니다. 그 아래에 오는 것이 업계마다 체험형으로 가치 제공을 하고 있는 서비스 제공자이며, 그 아래에 제조사가 자리 매겨집니다(도표 4-2).

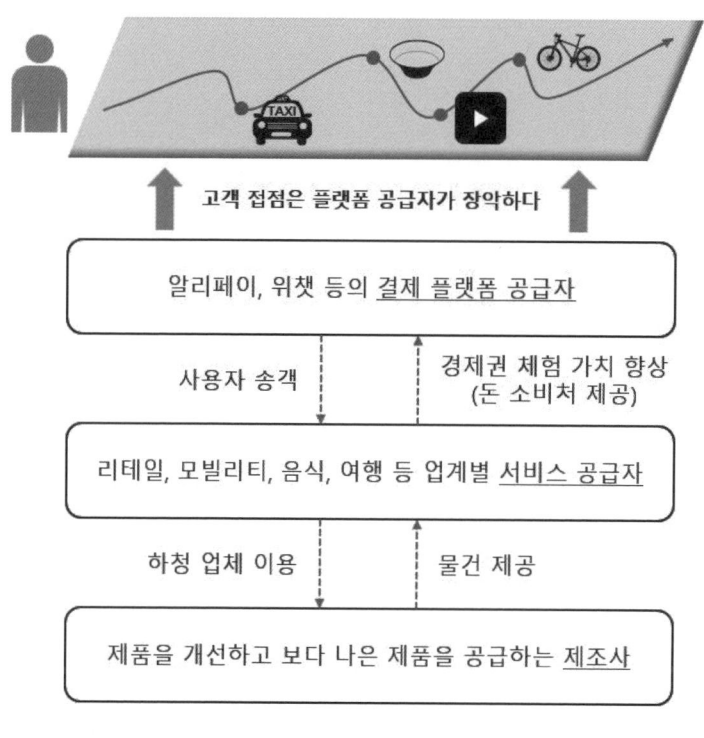

[도표 4-2]

    서비스 제공자는 이동이라면 우버/디디/그랩, 음식이라면 우버이츠/미단/타베로그(일본 내수), 소매라면 허마셴셩/편의점 각 회사, 여행이라면 부킹닷컴/시트립 같은 기업입니다. 국가 및 상황에 따라 다르겠지만 이들 업계별 서비스 제공자는 보통 어느 하나의 결제 플랫폼 공급자와 손잡는 형태가 될 것으로 예상됩니다. 중국에서 볼 수 있는 구도는 텐센트 진영(위챗페이)과 알리바바 진영(알리페이)으로 나뉘어 있고, 예를 들어 알리바바라면 택시 이동은 디디, 공유 자전거는 헬로바이크와 오포, 여행은 프리기, 신선 식품 마트는 허마셴셩, 동영상은 YOUKU와 같은 형태로 각 업계의 유력 제공자는 거의 결제 플랫폼 진영에 속해 있습니다. 제품을 만드는 것에 특화된 제조사는 서비스 제공자 아래에 예속되는 형태입니다. 예를 들어 중국의 대형 택시 호출 업체인 디디의 차량과 블랙박스를 만드는 제조사라든가, 공유 자전거인 모바이크의 자전거를 만드는 제조사라는 의미 등입니다.

(도표 4-2)를 보면 알 수 있듯이 이동 서비스, 음식 배달 서비스, 슈퍼마켓 등의 각 업계 서비스가 결제 플랫폼에 결합되어 각 업계에서 고객에 대한 체험을 좋게 만들어 나가는 형태입니다. 또 그것이 생태계처럼 하나의 경제권을 만드는 구조입니다.

이러한 산업 구조에서 중요한 것은 '자사는 이 중에서 어느 위치를 확보할 것인가?'라는 관점입니다. 결제 플랫폼 공급자는 매우 유리한 입장이지만 한정된 회사만이 그 기능이나 능력을 가지며, 또한 사용자들도 제한된 회사만 결제 플랫폼 공급자로 인식할 것입니다. 일본에서는 통신 회사나 대형 EC 사이트, LINE과 같은 커뮤니케이션 앱 회사들이 결제 플랫폼 공급자 자리를 차지하려고 하는데, 이 자리를 탈취하기 위해서는 사용자 측에서 본 필연성, 사업으로서의 기능(기본은 금융 활용과 마케팅 활용), 자본력 등 복수의 조건을 충족한 다음 판매자와 구매자 쌍방에 충분한 인센티브를 제공할 필요가 있습니다.

한 PC 제조사 사장과 이 논의를 했을 때 '자사는 전자 기기의 제조에 매우 강하고, 단기간에 다양한 물건을 제조할 수 있기 때문에 오히려 OEM적으로 제일 밑의 제조사를 노려 여러 서비스 제공자에게 물건을 제공하는 플레이어를 목표로 한다.'라고 했습니다. 이것은 살아남기 위하여 강점으로부터 생각하여 단숨에 자리를 잡는 방법입니다. 자사의 강점을 근거로 하여 어느 계층을 차지할지, 침착하게 생각할 필요가 있다고 말할 수 있습니다.

애프터 디지털 사회가 되면 사회적 기반 기업의 위치는 달라집니다. 옛날에 금융은 전력 회사, 통신 회사, 에너지 회사가 사회적인 기반 기업이었고, 그 기업들 위에서 다양한 경제 활동이 이루어지는 구조였습니다. 애프터 디지털 사회가 되면 디지털 행동 데이터의 주고받기 자체가 사회 인프라와 같은 역할을 가지고 있고, 이러한 데이터가 모든 서비스에 성립하기 위한 기반이 됩니다. 어떻게 보면 마르크스가 말하는 인프라와 상부 구조(Suprastructure)에 있어서 **데이터 주고받기(디지털)가 인프라인 사회가 되고, 거리나 도시와 같은 기존의 인프라로 인식되었던 것은 패키지적으로 전용 가능한 서비스(상부 구조)가 되었다**고 보는 것이 적절합니다. 스마트 시티와 지자체에 적용해야 하는 관점이고, 올바른 견해라고 생각합니다.

4-2
기업에 요구되는 변혁

경쟁 원리의 변화와 그에 따른 업계 구조 변화를 설명했습니다. 다음으로는 드디어 기업이 어떤 변혁을 실시해 나가야 할지를 생각합니다. 여기에서는 비전이나 조직 체제를 포함한 (1) 전사 전략과 (2) 사업 전략 그리고 (3) 비즈니스 모델의 세 단계로 나눠서 정리합니다.

변혁의 큰 방향성으로서 디지털 트랜스포메이션은 애프터 디지털에 있어서의 비즈니스 원리 변경에 맞추어 만들기형으로부터 체험 함께 하기형, 제품 지향으로부터 체험 지향으로 모든 단계에서 바꾸어 갈 필요가 있습니다. 이는 (도표 4-3)과 같은 그림으로 정리됩니다. 각각의 단계를 구체적으로 설명합니다.

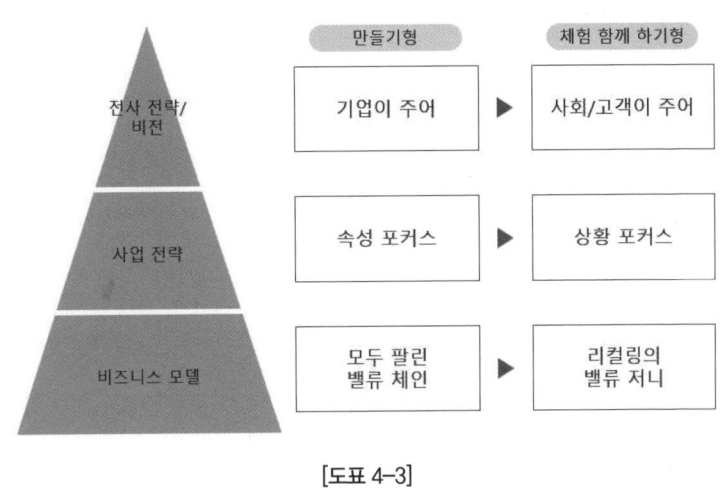

[도표 4-3]

고객과 체험을 주어(主語)로 한 전사 전략

우선, (1) 전사 전략 단계의 설명입니다. CEO를 비롯한 최고 경영진이 취급하는 단계로 이 단계에서는 조직 구조와 비전을 바꾸어 가지 않으면 안됩니다.

조직 구조는 체험 함께 하기형 비즈니스를 제공하기 때문에 **고객 체험(=저니)에 따른 조직 구조로 되어 있는 것이 바람직합니다.** 업태나 비즈니스 모델에 따라 다르지만 전형적인 예로는 홍보, 상품 개발, 마케팅, 세일즈,

그리고 커스터머 석세스나 CRM과 같은 부서로 이루어진 조직 구조입니다. 이는 **'특정 단계, 상황에 놓인 고객을 상대한다.'**는 관점에서 정리되며, 고객의 패턴에 따른 분산이 적고 고객에게 공헌하기가 쉽다는 점이나 지표의 중복(Cannibalization, 자기 시장 잠식)이 적어지기 때문에 불필요한 사내 정치에 시간을 들이지 않아도 되는 메리트가 있습니다. 한편으로 통합적 및 유기적으로 활동을 연계해야 하며, 가로 연계된 팀이나 모든 부문 총괄 사이의 의사소통 양을 늘려야 합니다.

현재 일본의 많은 기업에서는 상품마다 판매 채널마다 부서가 나뉘어 각각의 부서에 개발이나 세일즈 등의 공정이 있습니다. 회사 내 경합이 생기는 일도 있습니다만 '어쨌든 상품을 판다.'라는 점을 중시한다면 회사 내에서도 서로 경쟁하는 편이 좋다는 생각인 것 같습니다. 그러나 애프터 디지털에서는 '고객과 계속 함께 한다.'라는 것이 주목적이 됩니다. 상품을 구입한 후의 관계를 만들기 위해서는 상품 구입 시에 '어떻게 다음으로 이어지게 할까?'라는 관점이 필요하게 됩니다. 다시 말하자면 상품뿐만 아니라 기업이나 서비스 자체와의 관계성이 중요합니다. 고객과의 관계성 구축 단계를 주시하여 저니 기반으로 조직 체제를 구축함으로써 각각의 단계에서 지표를 따라가면서 고객을 지향하며 이어달리기처럼 비즈니스를 하는 것이 포인트입니다.

다음은 비전입니다. 여기에서 비전이라고 하는 말은 기업 이념이라고 하는 보편의 신념에 대해 '장래에 이루고 싶은 그림으로서 내걸 수 있는 것'이라고 하는 의미로 사용하고 있습니다. 때때로 흔히 있는 비전은 기업의 가치나 기업 관점의 세계 또는 막연한 고객에 대한 공헌이 됩니다. '저희 회사가 이렇게 될 것이다, 이런 위치에 서겠다.' 또는 '고객 우선으로 생각하고 기여한다.' 이런 내용입니다. 이것은 '자사의 상품 및 서비스 도메인이 정해져 있기 때문에 기본적으로 그것을 판다고 하는 가치는 변지 않는다.'라는 관점에 근거하고 있으며, 똑바로 생각하면 납득할 수 있는 비전이 대부분입니다. 또한 '자신의 특기 영역에 집중하여 그것을 매일 연구함으로써 어쨌든 좋은 것을 만든다.'라는 문화가 배경에 있는 것 같습니다.

비전을 체험 함께하기 형으로 바꾸어 가는 것을 생각하면 조직 전체가 고객에게 좋은 체험을 계속 제공하고, 계속 함께하지 않으면 안 되기 때문에 '최종적으로 고객에게 어떤 체험을 제공하여 어떤 상태가 되고 있는지?'라는 골(Goal) 상태를 공유하는 일에 집중해야 합니다. 즉, 비전의 주어는 사회나 고객이 됩니다. '주어'라고 언급하고 있지만, **요컨대 고객이 어떤 상태가 되어 있는가를 회사 전체가 이미지로 공유할 수 있는 말**이 되어 있으면 좋고, '저희는 고객이 이렇게 될 수 있도록 한다, 사회를 이렇게 할 것이다.'라는 말도 괜찮습니다. 제공하고 있는 체험 가치를 단적으로 표현할 필요가 있습니다.

상황 지향화하는 비즈니스

다음으로 (2) 사업 전략의 단계로 이동합니다. 이 단계에서는 주로 사업의 부분(Segment), 표적화(Targeting), 차별화(Positioning) 등을 정의합니다. 애프터 디지털로의 변혁에서 가장 중요한 것은 사람 및 속성을 표적으로 삼는 것에서 상황을 표적으로 삼는 변화입니다. 알기 쉽게 마케팅이나 광고를 떠올려 봅시다. 옛날에는 대중 매체가 중심이어서 누가 듣는지, 누가 보는지도 모르겠지만, 어쨌든 대중에게 광고를 뿌리고, 그 결과 누군지 모르지만 가게에 와서 물건을 사주는 그런 상황이었습니다. 인터넷을 통해서 이것이 변화가 되고, PC로 인터넷에 접속하고 있을 때는 그 사람이 누군지 알 수 있기 때문에 F1층과 같은 단어가 나타내듯이 특정 속성을 향해서 추천 상품을 바꾸거나 의사소통을 바꿀 수 있게 되었습니다.

하지만 현재는 IoT, 모바일 및 기타 센서들이 발달한 결과 인간의 속성을 보다 세밀하게 상황 단위로 파악할 수 있게 되었습니다. 예를 들어, 아기를 돌볼 때 그 아이가 울어서 어떻게 해야 할지 모르는 상황을 상상해 봅시다. 이를 해결하고자 할 경우 속성 표적화 시대라면 기본적으로 어머니가 책임자인 상황이기 때문에 표적은 엄마가 됩니다. 하지만 조카를 돌보고 있는 삼촌이나 손자를 돌보고 있는 할아버지, 새내기 보모 등에서도 비슷한 상황이 발생합니다. 그리고 현재 이런 상황이 벌어지면 우리는 스마트 폰을 꺼내서 지인들에게 물어보거나 스스로 알아보고 대처 방법을 찾거나 열이 있는 것 같으면 의료 앱으로 문진하는 등의 행동을 취합니다. 그런 의미로 사람들이 인터넷에 상시 접속하기 때문에 이런 여러 가지 작은 상황을 실시간으로 파악하는 것이 가능하게 되어 있는 것입니다(도표 4-4).

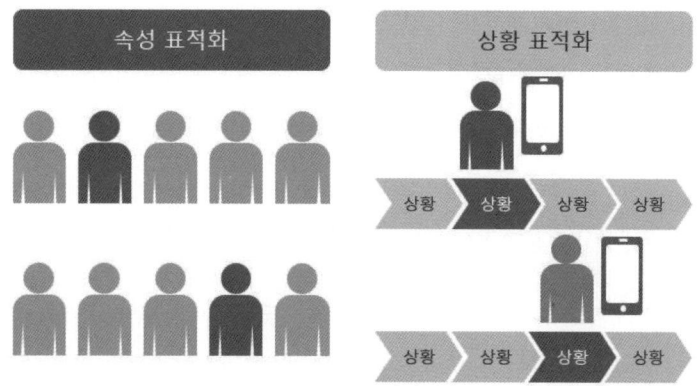

[도표 4-4]

이 이야기는 '사업 전략의 단계가 아니고, 마케팅의 단계가 아닌가?'라는 의문이 있을지도 모릅니다. **이것을 '사업 전략 계층이다.'라고 하는 이유는 시장을 파악하는 방식이 상황 지향으로 바뀌기 때문입니다.** 예를 들면 비즈니스 세계에서는 '맥도날드의 경쟁자는 누구냐?' 등의 이야기가 흔합니다. 모스버거나 버거킹 같은 햄버거 가맹점뿐만 아니라 관점을 바꾸면 간편하고 저렴하게 식사를 할 수 있는 편의점이나 규동집(일본 소고기 덮밥 집), 시간 때우기와 공부를 장시간 할 수 있는 도서관이나 패밀리 레스토랑이 경쟁자가 됩니다. 이는 '고객이 처한 상황에 대해 어떤 해결책을 제시하고 있는가?'라는 관점에서 정리하는 것입니다. 특정한 상황이 다른 사람들에게서 공통적으로 발생하기도 하고, 반대로 한 사람이 복수의 상황을 안고 있기도 합니다. 사람이나 속성으로 표적화해 버리면 이것들을 제대로 파악할 수 없게 됩니다. 상시 접속으로 언제든지 고객과 접할 수 있고, 세세한 상황이나 그 사람이 처한 일상을 알게 되면 **이러한 상황 지향에서의 전략 규정이 당연한 시대가 되어 시장을 어림잡든, 사업을 확대하든, 이러한 상황을 파악하는 것이 매우 중요합니다.**

작업 이론과 상황 지향

클레이턴 M. 크리스텐슨 교수의 저서 과제(Job) 이론-기술 혁신(Innovation)을 예측 가능하게 하는 소비 메커니즘(한국판 : 일의 언어-새로운 미래를 발견하는 문제 인식의 틀, 원제 Competing Against Luck : The Story of Innovation and Customer Choice)에서 설명하고 있는 전략론과 거의 같은 것을 말하고 있습니다. 여기에서 언급하는 상황 지향에서의 전략 규정이라는 생각은 기본적으로 이러한 과제 이론을 따르고 있습니다. 상황이라는 말을 보다 깊이 이해하기 위하여 해당 과제 이론을 간단히 설명하고자 합니다.

과제라고 하는 것은 요구를 한층 더 깊게 한 것에 가깝고, 조금 전과 같은 특정 상황에 놓인 사람이 가지고 있는 해결하고 싶은 요건이나 과제를 가리키고 있습니다. 크리스텐슨 교수가 자주 예로 드는 것은 밀크셰이크 사례입니다. 밀크셰이크 매출을 늘리는 프로젝트가 시작되면 가장 먼저 나오는 방안은 향신료나 토핑을 늘린다, 고객에게 어떤 밀크셰이크를 좋아하는지 물어본다. 고객의 취향을 기록하고 각각 개별화하여 판촉 활동을 한다. 등의 아이디어입니다. 거의 일반적인 방법 밖에 없어서 크리스텐슨 교수 팀은 잘 팔리는 시간대에 고객의 행동을 관찰했다고 합니다. 이 행동 관찰의 결과 '아침 8시가 피크 타임이고, 이 시간대에는 혼자 오는 남성 손님이 많다.'라는 사실을 알아냈습니다.

그래서 실제로 그 남자 손님에게 '왜 밀크셰이크를 사세요?'라고 물었습니다. 그리고 '자동차로 출근을 1시간 정도 해야 되서 지루하다.'라는 공통적인 상황이 있음을 알게 되었고, 그 '출근 시간을 가능한 한 즐겁게 하고 싶다.'라는 목표를 해결하기 위해서 밀크세이크를 산다고 결론을 지었습니다. 밀크세이크라면 계속 즐겁게 마실 수 있기 때문에 최적이라는 것입니다. 만약, 밀크세이크가 아니라면 대신 무엇을 살 것인가를 물었더니 스니커즈라면 끈적거리고, 바나나는 금방 먹어 버리고 껌은 나쁘지 않지만 단물이 빠진 후에는 재미없다. 그래서 밀크세이크가 최적이라는 답변이었습니다.

이런 과제가 발견되면 고객은 맛이나 종류에는 별로 관심이 없고 운전 중에 한손으로 잡을 수 있고 손이 더러워지지도 않고 오래가는 것이 좋기 때문에 당연히 솔루션은 바뀝니다. 지루한 운전을 달래고 싶은 사람을 위해 오래가고 잘 녹지 않는 밀크세이크로 변경하고, 한편 불필요한 비용을 들이지 않는 편이 좋으므로 종류는 심플하게 하고 셀프 서비스로 직접 뽑을 수 있게 함으로써 매출도 이익도 크게 늘릴 수 있는 것입니다. 상황과 과제는 표리일체이므로 상황이 다르면 과제가 달라지고 솔루션도 달라집니다.

같은 밀크세이크의 예를 계속하면 주말 저녁에 아버지가 아이를 동반하고 밀크세이크를 사러 왔습니다. 아이를 하루 종일 돌보고 있으면 아무래도 꾸짖는 행동이 생기기 마련이고, 부모는 스트레스가 쌓이게 됩니다. 하지만 모두 즐거워야 할 주말이기 때문에 하루가 끝나기 직전에 아이에게 밀크세이크를 사 주는 것으로 '상냥한 부모가 된다.' 이것이 그들의 과제였던 것입니다. 과제가 발견되면 해결법은 보입니다. 밀크세이크는 끈기가 있기 때문에 아이가 다 마시는데는 시간이 걸립니다. 그리고 부모로서는 밀크세이크로 배가 채워지면서 저녁을 못 먹게 되는 것은 곤란하기 때문에 결국 다 마시기 전에 일부는 버리는 경우도 자주 있었던 것 같습니다. 이번 과제는 '좋은 아버지의 느낌을 낼 수 있다면 뭐든 좋다.'라는 것으로 밀크셰이크를 사준 사실만 있으면 되기 때문에 빨리 마실 수 있도록 끈기를 없애고, 아이가 좋아하는 디자인으로 하거나 크기를 줄이거나 하는 것이 좋다고 할 수 있습니다.

상황에는 비즈니스가 성립될 만한 큰 상황이 있기도 하고, 곧바로 대응하면 고객에게 감동을 줄 수 있지만 비즈니스가 성립될 정도는 아닌 작은 상황도 있습니다(과제 이론은 변혁(Innovation)을 낳기 위한 이론이며, 기본적으로는 비즈니스가 성립되는 큰 상황에 대응합니다). 애프터 디지털을 배경으로 행동 데이터로부터 다양한 것을 알 수 있는 시대가 되고 있음을 생각하면 기술을 활용하여 상황을 파악하고, 그 시장의 볼륨을 파악하면서 비즈니스를 구축하는 것이 향후 열쇠가 된다고 생각합니다.

밸류 체인에서 밸류 저니로

다음으로 세 번째 단계인 비즈니스 모델 레이어의 변혁에 대하여 설명하겠습니다. 기존의 대표적인 비즈니스 모델은 상품을 기획하고, 그것을 생산해서 판매하는 상품 중심형으로 구성되어 있었습니다. 이럴 경우 '제품이 얼마나 팔릴 것인가?'가 가장 큰 논점이 되기 때문에 기능이 풍부하고 성능이 좋고 가격이 저렴하면 곧바로 구입하게 되므로 경쟁력이 있었습니다.

애프터 디지털에서는 가능한 높은 빈도로 좋은 체험을 제공하는 것이 우위이므로 **어떻게든 계속해서 고객과 함께하는 것이 중요하고, 제품도 접점의 하나로 파악해야 합니다.** 모든 접점을 하나의 컨셉(앞에서 서술한 전사(全社) 비전에 해당하는 것) 위에 통합적으로 정리하고, 고객과 기업이 계속 함께하는 새로운 밸류 저니형으로 비즈니스가 변화하고 있다고 말할 수 있습니다(도표 4-5). 저니라는 말은 긴 여행과 같은 의미입니다. 고객 체험을 하나에서 열까지 추적하는 듯한 이미지로 사용하고 있으며, 고객 중심형으로 비즈니스를 생각할 때에 자주 사용되는 고객 저니라는 말로부터 전용하고 있습니다.

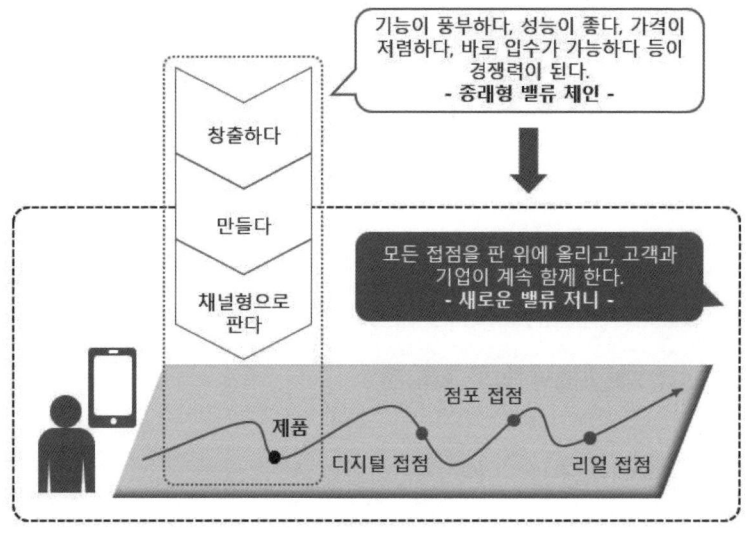

[도표 4-5]

요즘 유행하는 서브스크립션(Subscription)형의 비즈니스도 같은 흐름에 있다고 생각합니다. 예를 들어 음악 분야에서 옛날에는 CD를 산다거나 데이터를 산다거나 하는 형태로 제품을 소비하고 있었지만 지금은 스포티파이나 애플뮤직처럼 음악을 산다기보다는 오히려 월정액제로 마음껏 들을 수 있습니다. 음악 소비 가치 자체도 변했고, 예전에 좋아하는 아티스트의 노래를 계속 듣는 경우가 많았지만 지금은 그 곳의 분위기에 맞는 음악을 틀거나 플레이 리스트를 아는 사람과 공유할 수 있는 것 등 각 상황에 맞춘 접점이 설계되어 있습니다. 지속적으로 함께하는 비즈니스 형태라는 의미에서 서브스크립션은 밸류 저니와 동일한 시대 흐름에 있다고 할 수 있습니다.

또한 서브스크립션 모델의 도입 지원 기업 Zuora의 창설자 티엔 추오(Tien Tzuo)는 서브스크립션 시대가 도래하여 모든 업계에 적용되게 될 것이라고 계속 말하고 있지만 그의 서브스크립션은 월정액 과금형 비즈니스를 가리키는 것이 아니라 'LTV형 비즈니스로 하여금 고객 ID와 그 실시간 행동을 알 수 있도록 하지 않으면 디지털 기점 시대에 살아남을 수 없다.'라는 것을 말합니다. 쭉 함께하고, 쭉 고객을 알고 있기에 그 고객에게 좋은 체험을 제공할 수 있다는 의미에서 같은 생각을 공유하는 동지로 파악하고 있습니다.

밸류 저니 형에서 중요한 것은 '어떻게 고객의 저니에 대한 흡착도를 높이는가?'라는 부분입니다. 저니에 대한 흡착도를 올리기 위해서는 OMO라는 사고방식이 중요합니다. OMO에서는 온라인과 오프라인을 구분하지 않고 저니로서 일괄적으로 취급하며, 오프라인 행동도 데이터화하여 통합적으로 활용합니다. 제2장의 비트오토 사례에서도 설명한 바와 같이 어쨌든 높은 빈도로 유용한 데이터를 취득할 수 있는 접점을 획득한 후에는 모든 데이터를 모으고, 데이터를 각 터치 포인트(프로덕트와 서비스의 접점)에 돌려주게 합니다. 이것이 빠르면 빠를수록 고객의 체험이 좋아지고, 접점이 조밀할수록 고객과의 흡착도가 올라갑니다. 이러한 저니 퍼스트(Journey First)의 운용 구조를 만드는 것이 밸류 저니의 요점이 됩니다.

또한, 추구해야 할 KPI(Key Performance Indicator)도 변화합니다. 물건형 밸류 체인 시대는 단년도 매출을 얼마나 높여가고 있는지를 추구해야 하지만, 밸류 저니형 비즈니스는 고객이 얼마나 오랫동안 서비스를 사용해 주는지의 여부가 중요합니다. 그 KPI로서 유효한 것은 NPS일 것입니다. NPS는 Net Promoter Score의 약자로 간단히 요약하자면 로열티 지표입니다. 자주 사용되는 고객 만족도(CS, Customer Satisfaction)는 주로 불만이 없는지를 보는 지표인데, NPS는 로열티를 측정하는 지표입니다. 예를 들면, '당사의 제품 및 서비스를 친한 친구 및 가족에게 추천할 가능성이 어느 정도 있는지를 0에서 10까지로 대답해 주십시오.'라는 간단한 설문을 한 다음 9, 10을 매긴 권장자와 6점 이하를 매긴 비판자를 비교하여 그 비율을 수치로 점수화하는 것입니다. 저니형 비즈니스는 자사 서비스에서 이탈하는 일이 가장 아픈 것입니다. NPS를 통해 그 관계성을 알 수 있으며, 해지하기까지의 중간 지표로 삼을 수 있습니다. 만일 특정 고객의 NPS가 10에서 7로 낮아진 경우 '이 사람은 이탈할 수 있다.'라는 경보를 울리고 대응해야 할 대상으로 삼을 수 있습니다.

핑안 보험 그룹의 모범 사례

여기까지 (1) 전사 전략, (2) 사업 전략, (3) 비즈니스 모델의 세 단계로부터 변혁 후의 모습을 보고 왔습니다. 이러한 변혁을 이루어서 가장 성공한 기업으로는 이 책에서도 몇 번이나 언급한 핑안 보험 그룹이 있습니다. 핑안 굿 닥터 앱의 설명 등에서 (2) 사업 전략이나 (3) 비즈니스 모델의 변화 등이 모두 설명되어 있기에 여기에서는 핑안 보험을 (1) 전사 전략의 사례로서 소개합니다.

핑안 보험 그룹(핑안 홀딩스) 산하에 보험, 은행, 투자라는 큰 카테고리가 있으며, 각각 아래에 핑안 생명보험, 핑안 손해보험, 핑안 은행과 같은 형태로 자회사가 존재합니다. 그리고 그 밑에 각 자회사를 지탱하는 형태로 핑안 기술이나 핑안 굿 닥터 등 테크 계열의 자회사가 존재합니다(도표 4-6). 고객 지향형 운용이라는 의미에서는 이러한 3가지 단계의 역할은 다음과 같이 명백합니다.

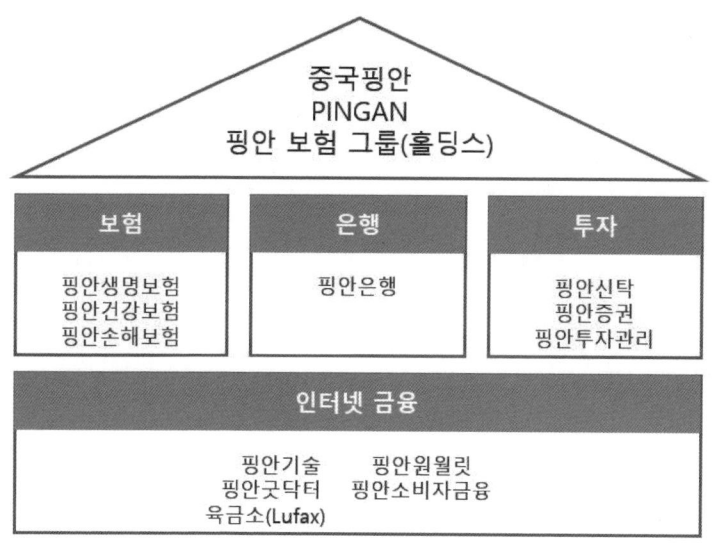

[도표 4-6]

- 홀딩스(도표 상위층) : 비전 레이어로 총괄하고, CX(Customer Experience, 고객과 기업의 관계성)의 품질을 관리한다.
- 각 자회사(도표 중간층) : 각 접점에서의 UX를 관리하고, **접점별 체험 품질을 높인다.**
- 인터넷 금융(도표 아래층) : **기술 기반**으로 각 자회사를 지탱한다.

핑안 보험 그룹(홀딩스)에서는 CX를 관리하고 있습니다. 여기에서 CX란 밸류 저니 전체의 체험이나 기업 그 자체에 대한 인상과 같은 고객과 기업의 관계성을 가리키고 있습니다. 연 2회 CX위원회로 불리는 경영진 약 10명 정도로 개최하는 위원회가 있으며, 거기에서 그들은 NPS의 결과를 보면서 다음 전략을 입안하거나 현 상황을 파악하고 있습니다. 당연히 NPS를 모으는 실행 부대도 존재하여 CX위원회 아래에 PAUX(핑안 유저 익스피리언스 부문)이라는 그룹의 횡적 부문이 있습니다.

각 자회사에는 각각 UX 부문이 있어 상품, 콜센터, 앱 등 하나하나의 고객 접점을 보다 좋은 체험으로 하기 위해서 개별 접점의 체험 품질을 관리하고 있습니다. 일본에서 UX라고 하면 디지털 개념에 한정되어 마케팅의 하위 개념처럼 받아들여지는 경우도 볼 수 있지만 핑안 보험에서는 UX라는 개념의 중요성을 인식하고 있고, 비즈니스 성공의 요점이 되는 모든 접점에 있어서 고객의 체험이라고 생각합니다. 오프라인과 온라인의 경계선이 없는 시대에 있어서 UX는 모든 고객의 접점을 관리하는 것과 같은 존재로 파악하고 있는 것입니다. 인터넷 금융 섹션에서는 기술 기반을 제공하며 AI, 빅데이터, 블록체인, 클라우드의 4개 부서로 나눠지고, 자사의 데이터베이스나 자사 시스템을 개발합니다. 핑안 보험에서는 개발된 시스템과 데이터베이스를 그룹의 어느 회사에서나 사용할 수 있습니다. 본 장의 서두에서 예시한 LCCH도 2억 명의 행동 데이터를 보유한 핑안 굿 닥터 앱도 모두 여기에 포함됩니다.

핑안 보험은 '물건을 팔아서 매출을 추구한다.'가 아니라 '저니형 비즈니스를 전개하고, 핑안 보험을 좋아하게 되는 것을 중시한다.'라는 의사 결정을 했습니다만, 처음에는 좀처럼 그렇게 조직을 움직일 수 없었습니다. 보험, 은행, 투자 각각의 회사는 결국 단년도 상품 판매에 몰두하고 있었으며, '저니형 비즈니스로 전환하여 핑안 보험 그룹 전체에 대한 로열티를 높여 간다.'라는 것에 대한 우선도는 매우 낮은 상태였습니다. 각 자회사 톱 레벨에서는 그룹 전체의 로열티를 추구하는 것을 납득할 수 없었습니다. 현장 레벨에서는 눈앞에 다가오는 목표를 달성하기가 우선이 되어 'UX 컨설팅을 활용하여 미래에 필요한 비즈니스 모델로 활용해야 한다.'라고 말해도 전혀 이해할 수 없었다고 합니다.

최종적으로는 위와 같은 조직 구성으로 변경하는 데 성공하였으나 매우 고통스러운 변혁이었던 것 같습니다. 내부인에게 들은 이야기로는 각 자회사의 CEO가 방침을 따를 수 없거나 또는 체험형 사고 방식으로 바꿀 수가 없어서 단년도 물건 장사 사고에서 벗어나지 못할 경우 그 CEO를 해고하고 UX 업무 경험이 있는 사람을 그 자리에 앉히는 인사까지 했다고 합니다. 지금 핑안 보험 그룹은 중국의 민간 기업으로 알리바바, 텐센트에 이어 3위까지 성장했습니다.

4-3
일본 기업이 달라지려면

핑안 보험과 같은 방법을 따라할 수 있는가?

일본 기업을 저니형으로 바꾸기 위해서는 어디에서부터 손대면 좋을까요? '회사 대표가 대대적으로 호령을 내리고 의사를 전달하지 않으면 바뀔 리가 없다.'라고 생각하는 분들이 많을지 모르겠지만 막상 변혁에 이르면 저항 세력이 강해서 바꾸기 어려운 현상이 일어납니다. 제가 행했던 컨설팅 경험에 비추어 봐도 일본에서 핑안 보험처럼 하향식을 적용하는 것은 상당히 어렵다고 생각합니다.

중국 기업은 조직 구조의 상위에 권력이 집중되어 있는 경우가 많기 때문에 하향식의 대개혁이 비교적 용이합니다. 일본 기업의 경우는 튼튼한 피라미드형 구조 때문에 변혁의 호령을 내려도 아래가 반발하거나 불필요한 시간이 걸리기도 합니다. 그리고 시간이 너무 걸리면 결국은 '3년이 지나도 성과가 없다.'는 말이 나와서 실패 취급을 하고, 사장이 바뀌면서 방침이 바뀌어서 결국 실현되지 않는 등 헛수고가 되기 쉽습니다. 일본에서는 '변혁이다!'라고 호령을 대대적으로 내리고서 대규모로 움직이는 것이 아니라 체험 향상형, 즉 익스피리언스형으로 방식을 작게 바꾸어 개선 루프를 돌려서 성공 사례를 만드는 상향식으로 진행하는 것이 더 잘 될 것입니다. 이 상향식 변혁에 의해 작은 성공 사례를 차곡차곡 쌓는 방식의 요점은 다음의 4가지입니다.

❶ 경영 계층이 애프터 디지털의 세계관을 이해하고 OMO형으로 디지털 트랜스포메이션을 실시할 필요가 있다고 인식한다.
❷ 사장–임원–부장–현장이 같은 이미지를 공유하고 실행하는 라인을 만든다 (디지털 부문 등이 대상이 되는 경우가 많다).
❸ 행동 데이터×익스피리언스의 퀵 윈(작은 성공)을 만들고, 윗선이 격려하고 움직임을 활발하게 한다.
❹ 성공 사례를 대의명분으로 하여 조직 구조나 데이터 인프라를 갖추는 큰 움직임으로 키워 나간다.

일본 기업은 아무래도 역 OMO형, 비포 디지털적인 사고 방식으로 트랜스포메이션을 하려고 하기 때문에 우선은 대표를 비롯한 경영자 레벨이 인식을 고칠 필요가 있습니다. 이 책에서 설명해 온 것과 같은 애프터 디지털의 세계관을 이해하고 'OMO형으로 디지털 트랜스포메이션을 실시할 필요가 있다.'라고 인식할 필요가 있습니다. 그렇지 않으면 입각점을 착각한 상태에서 디지털 트랜스포메이션을 실시하게 될 것입니다.

상향식 변혁과 이미지 공유

변혁이 잘 진행되고 있는 기업은 회사 전체에 대호령을 지지하는 것이 아니라 **대표 이하, 특정한 임원-부장-현장이 변혁 라인으로서 한줄로 연결되어 있습니다. 같은 세미나를 함께 받거나 중요 멤버가 디지털 선진국으로 시찰을 가거나 하여 변혁 라인의 멤버끼리 같은 이미지를 공유합니다. 이런 눈높이 맞추기는 매우 중요합니다.** 의지를 가진 부장층이 임원 계층 멤버를 데리고 중국 시찰을 와서 같은 상황을 눈앞에서 함께 보고, 상사가 스스로 변혁 의지를 가지는 경우도 있습니다.

덴츠(電通) 디지털의 리서치 결과에서는 디지털 변혁에 대하여 **'경영층과 실무 책임자(부장 계층)가 가지고 있는 과제 의식에 큰 차이가 있다.'**라고 지적하고 있습니다. 도표 4-7의 그래프에서 알 수 있듯이 경영층은 투자 비용이나 데이터 취급에 있어서의 리스크를 염려하고 있는 한편, 실무 책임을 지는 부장 클래스는 비즈니스 라인과 IT와의 매우지 못한 골이나 디지털 변혁 후 업무에 있어서의 능력(Capability) 부족을 염려하고 있습니다.

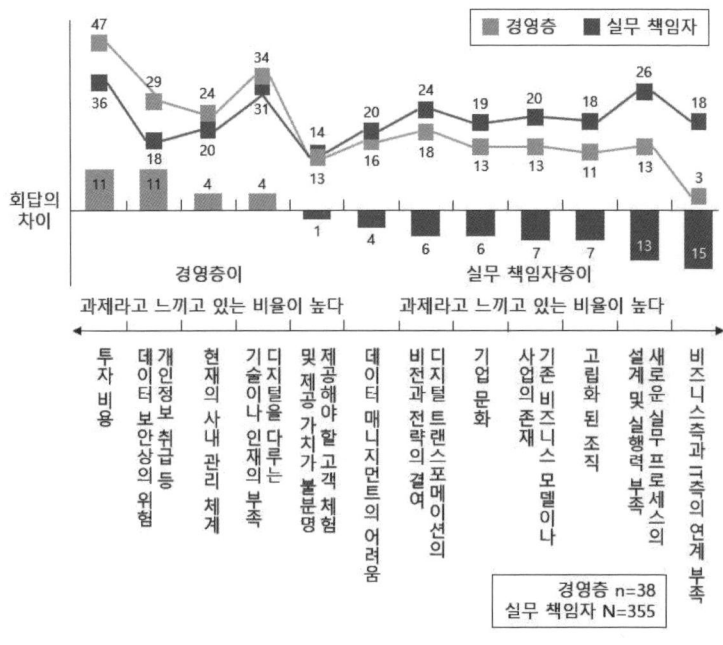

[도표 4-7]

출처 : 덴츠디지털
https://www.dentsudigital.co.jp/release/2018/1214-00341/index.html

바람직한 것은 매절(賣切)형에서 계속 수익형(Recurring)으로 변경하는 것이지만 갑자기 '오늘부터 단월 매출 성과는 추구하지 않겠습니다, 손님이 좋아해 주는 일만 하기 위해서 체험을 갈고 닦읍시다!'라고 주장해도 받아들여지지 않을 것이고, 탁상공론일 수밖에 없다고 생각합니다. '정말 그것으로 잘 될 것이다.'라는 확증이 없으면 단행할 수 없는 것입니다. 그러기 위해서는 가능한 한 빨리 명확한 성과를 내야합니다. 경영진과 실무진이 같은 이미지를 공유할 수 있으면 함께 변혁 운동을 일으키고, 행동 데이터를 활용한 체험형 성공 사례를 만들어서 성과를 쌓아 갑니다. 그런 성과가 여러 개씩 나오기 시작하면 성공이 대의명분이 되고, 사장님이 다른 부서에게 '여기에서 좋은 성공 사례가 많이 나오고 있으니 다들 배워라.'라고 격려하고, '해보자!'라고 결심한 다른 부서들이 변혁 운동을 크게 만들고, 추후 조직을 움직이게 하는 것입니다. 많은 조직이 움직이기 시작하면 전사적인 데이터 인프라 정비도 따라서 진행되어 더욱 큰 움직임이 될 것입니다.

아마 규모가 작은 회사거나 사장님의 권한이 굉장히 강한 회사라면 한꺼번에 바꿀 수도 있을 것 같은데, 필자들의 경험에서 보면 전사 전략 계층부터 시작하고 비즈니스 모델 계층으로 가는 하향식이 아니라 아래에서 즉, 단기간인데도 성과가 나오기 쉬운 비즈니스 모델의 계층부터 착수하는 것이 좋은 방법일 것 같습니다.

밸류 저니를 어떻게 만드는가?

비즈니스 모델부터 변혁하는 경우 우선 밸류 저니형 비즈니스 모델을 만듭니다. 여기에서 중요한 것은 '2개의 활동과 1개의 팀'이라고 생각하고 있습니다. 2개의 활동이란 UX 그로스 해킹(Growth Hack)과 UX 이노베이션(도표 4-8)이고, 필요한 1개 팀은 그로스 팀입니다.

UX 그로스 해킹이란 모든 기업이 현시점에서 가지고 있는 고객 접점(웹사이트나 앱, 점포 등)으로부터 행동 데이터를 취득하고, 활용하고, 체험을 개선함으로써 비즈니스 성과를 올리는 것을 말합니다.

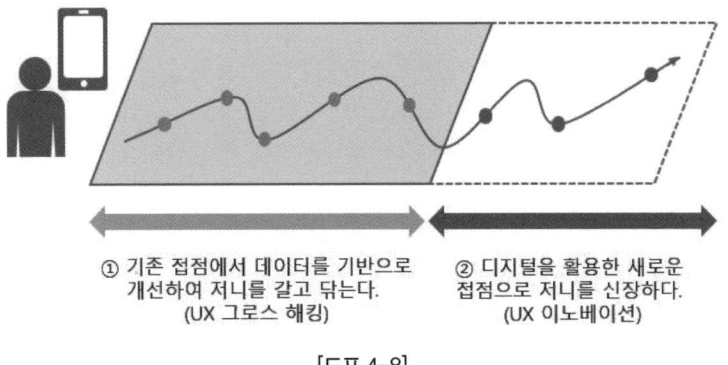

① 기존 접점에서 데이터를 기반으로
개선하여 저니를 갈고 닦는다.
(UX 그로스 해킹)

② 디지털을 활용한 새로운
접점으로 저니를 신장하다.
(UX 이노베이션)

[도표 4-8]

행동 데이터가 아니어도 괜찮으니 우선은 기존 접점에 초점을 맞추고, 밸류 저니형 비즈니스를 운용하는 방법인 '행동 데이터×체험'의 루프를 만드는 것이 첫 걸음입니다.

UX 이노베이션이란 디지털을 활용한 새로운 접점을 만들어서 저니를 늘려가는 것을 가리킵니다. 아마존이나 알리바바를 예로 들면, 지금까지는 EC업을 중심으로 하고 있던 것입니다만 현재는 아마존 GO나 OMO형 슈퍼마켓인 허마셴성과 같은 디지털을 활용한 새로운 접점을 만들고 있으며, 이것들이 전형적인 UX 이노베이션(Innovation)입니다. 잊지 말아야 할 것은 접점을 만들고 행동 데이터를 취득하는 것이며, 아무런 데이터도 얻을 수 없는 새로운 접점을 만든다면 그것은 UX 이노베이션이 아닙니다.

이러한 2개의 활동을 실시하여 사용자 관점에서 어쨌든 고속으로 성과를 내가는 팀을 그로스 팀이라고 합니다. 그로스 팀이 UX 그로스 해킹과 UX 이노베이션을 수행하는 상태가 상향식으로 저니형 비즈니스를 지향하는 일본적인 디지털 트랜스포메이션의 첫걸음으로 바람직하다는 것입니다. 사실, 그로스팀이라는 말은 2014년경에 일본에서 한번 유행했지만 그 때는 컨버전 개선을 하는 웹 개선 팀이라는 의미로 사용되었으며, 여기에서 지적하고 있는 그로스 팀과는 다릅니다.

그로스 팀은 조직 횡단으로 어쨌든 사업을 성장시켜 나가는 팀이며, 설정한 목표를 향해 빠른 속도로 개선해 나가기 위해서 1개의 스몰 유닛에 엔지니어, 데이터 사이언티스트, UX 디자이너의 3개 기능을 갖게 합니다. 예를 들어, 페이스북에서는 200명~300명 정도로 운영하며, 엔지니어, 디자이너, 컨텐츠 스트래티지스트, 데이터 사이언티스트, 그로스마케터와 같은 직책이 있습니다. 엔지니어가 차지하는 비율은 1/3입니다.

사용자 행동을 보고 문제점을 찾는 UX의 기본은 위에서 언급한 모든 사람이 할 수 있다고 합니다. 중국의 택시 호출 서비스인 디디에서도 'UX를 전문으로 하는 사람은 없다. 왜냐하면 모두가 UX 디자이너의 관점을 가지고 있는 스페셜리스트이기 때문이다.'라고 이야기하고 있었습니다. 선진 기업에서는 이미 '체험의 중요성이 높아지고 있는 시대에 UX라고 하는 개념은 당연히 직원 모두가 가지고 있어야 한다.'라는 영역에 도달한 것을 알 수 있습니다.

때때로 기업은 UX 이노베이션부터 하려고 하는 경향이 있습니다. '크게 바꿔야 한다.'라는 압박감과 신념으로 인해 다른 회사의 새로운 사례를 보고 유사한 비즈니스나 신규성이 강한 사업을 시작하려고 합니다. 그러면 원래 행동 데이터를 이용한 비즈니스 자체에 익숙하지 않고, 만들어도 밸류 저니나 OMO

라는 개념을 잘 다루지 못해서 제대로 돌아가지 않는 케이스를 볼 수 있습니다. 또한 시스템 기반을 구축하려고 해도 예산 부족에 빠지는 경우가 빈번합니다. 알리바바가 운용하는 허마셴성의 예를 보면 원래 가지고 있던 EC나 페이먼트 영역에서의 UX 그로스 해킹의 경험이 있기 때문에 쌓인 행동 데이터를 잘 사용할 수 있고, 그것을 지탱하는 시스템 기반과 기술이 충분히 있었기 때문에 허마셴성을 성공시킬 수 있었던 것입니다. **신규성이 있는 이노베이션에 눈길이 가기 십상이지만 실은 UX 그로스 해킹을 확실히 실시하고, 행동 데이터를 잘 다룰 수 있는 단계까지 완성시키고, 거기로부터 얻은 자산을 UX 이노베이션에 활용하는 것이 중요**합니다.

UX 그로스 해킹이란

UX 그로스 해킹을 단적으로 설명하면 '**어쨌든 행동 데이터를 사용하여 체험을 좋은 것으로 만들고, 체험이 좋기 때문에 행동 데이터가 모인다.**'라는 **루프를 초스피드로 만드는 사람들과 만드는 활동**을 말합니다. 좀 더 구체적으로 말씀드리면 매장, 웹 사이트, 어플, 콜센터, 카탈로그 등 기존 고객과의 접점을 바탕으로 하고 있으며, 거기에서 얻은 데이터를 고객 데이터베이스에 모으고, 그 데이터를 집계하고 분석해서 기획을 짜고, 각 접점에 있어서의 시책에 적용하여서 실행하고, 다시 더 쌓인 데이터를 다시 집계하여……와 같은 루프를 고속으로 돌리는 것입니다(도표 4-9).

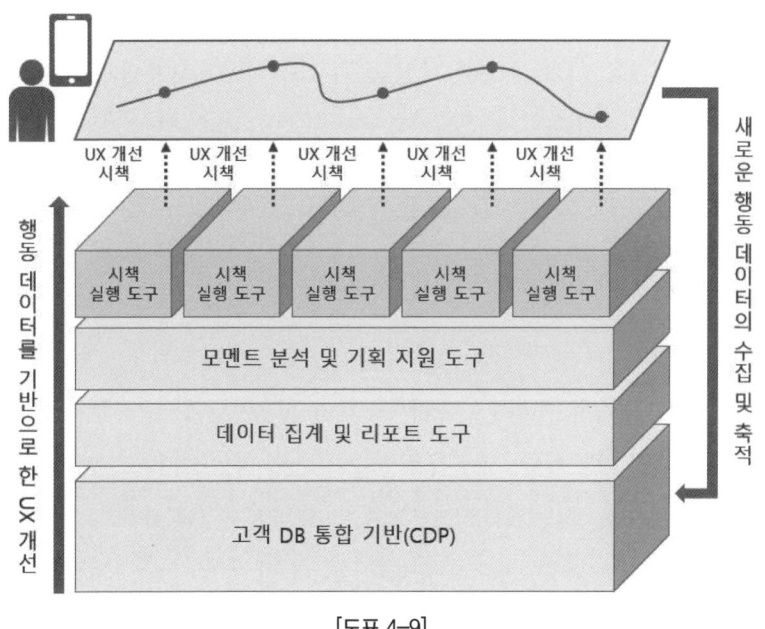

[도표 4-9]

    데이터 분석의 기반 정비 때 병목 형상이 되기 쉬운 것은 기획 지원 및 분석 기획 지원 부분 때문입니다. 크게 두 가지 패턴으로 **얻은 데이터를 AI로 자동 처리하여 개별 사용자의 특성에 맞추어 가는 UX 최적화와 제공하고 있는 체험이나 기능 자체를 변경 및 개선하는 UX 기획으로 나눌 수 있습니다.** 그로스 팀이 실시하는 일은 후자입니다. 현 상황은 데이터 드리븐 마케팅의 흐름에 편승해 여러 가지 기업이 전자인 최적화를 목표로 시스템 정비를 진행하고 있습니다. 고객 데이터베이스로서 고객 DB 통합 기반(CDP, 고객 데이터 플랫폼)이 있으며, 데이터 집계 타블로(Tableau)와 같은 BI 툴이 있고, 시책 실행에는 마케팅 자동화 툴이 상당수 존재합니다. 개별 사용자에게 1 to 1로 자동 최적화하는 점에서는 많은 기업이 기반을 갖추기 시작한 상태이나 **그런데도 비즈**

니스가 바뀌지 않는 이유는 자동 최적화해도 보다 자신에게 맞는 것이 제공될 뿐이며, 원래 서비스의 가치, 체험 가치는 그다지 개선되지 않기 때문입니다. 이때, 행동 데이터를 바탕으로 하여 성장의 씨앗을 찾아 그것을 키워가는 기획을 실시하는 UX 그로스 해킹이 필요하게 됩니다만, 적절한 분석 기획을 지원하는 업무 기반이 없으면 보통 사람은 할 수 없고, 전문성이 높은 전문가만이 할 수 있는 것이 현실입니다. 앞으로 어떻게 될지는 모르겠습니다만, 적어도 현재는 이 영역을 AI에 맡기는 것은 어렵고, 아직 사람이 취급할 수밖에 없습니다. 일반 직원이 UX 기반에서의 분석 기획을 할 수 없으며, 지원 툴도 없기 때문에 일부 전문가가 있는 회사만 성공하고, 소수의 데이터 사이언티스트만이 분석할 수 있으므로 기획이나 시책에 제대로 적용시키지 못하고, 내용이 이해되지 않기에 실행되지 않고 끝나는 일이 발생하는 것입니다.

지금 필요한 업무로서의 '모멘트 분석'

새로운 시대에 있어서는 '행동 데이터로부터 체험을 기획한다.'라는 케이퍼빌리티가 필요합니다. 여기에서 중요한 것이 '행동 데이터란 무엇인가?'라는 것에 대한 기존 개념을 바꾸는 것입니다.

수치 집계 데이터와 같은 것은 이미 다양한 기업에서 가시화되고 있는 경우가 많으며, '데이터는 가지고 있다, 가시화는 되어 있다.'라며, 대응 완료 도장을 찍기가 쉽습니다. 그러나 '데이터로 고객이 놓인 상황을 이해하고 개선을 한다.'라고 하는 것은 솔직히 매우 어려운 일이고, 방대한 분량의 데이터를 풀어서 실제로 체험 개선에 사용한다는 것은 숫자에 대한 거부감이 있는 직원은 어려워하기도 하고, 평균화하려고 하면 특징이 평균화되어 데이터로서 사용할 수 없게 되거나 인과 관계를 해석하기가 어려워서 데이터 사이언티스트가 아니면 제대로 활용할 수 없는 상황입니다.

특히, 일본에서는 데이터 사이언티스트가 부족하며 데이터 사이언티스트를 대량으로 채용하는 것도 어렵습니다. 그리고 데이터 사이언티스트를 채용했다고 해서 바로 개선 루프가 도는 것도 아닙니다. **까다롭고 다루기 힘든 데이터는 활용 가능한 행동 데이터라고 할 수는 없으며, 행동 데이터의 파악법(유지 방법, 보여주는 방법)을 일반인에게도 사용하기 쉬운, 시계열로 늘어놓은 모멘트 데이터로 바꿀 필요가 있습니다**(도표 4-10).

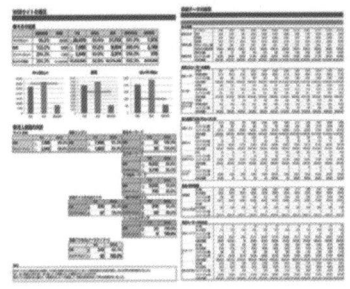

- 숫자에 대한 거부감이 있는 직원은 어렵다.
- 다양한 행동의 특징이 평균화 되기 쉽다.
- 숫자 배경의 인과관계를 해석하기 어렵다.

데이터 사이언티스트 이외에는 어렵다.

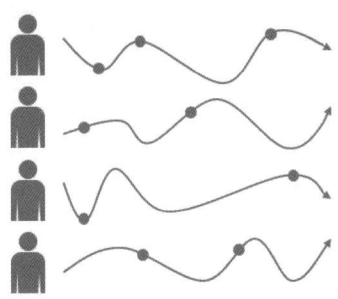

- 누구나 시작하기는 쉽다.
- 각각의 행동을 나누어 분석할 수 있다.
- 행동의 인과관계를 추측하기 쉽다.

보통 사람도 분석/기획이 가능하다.

[도표 4-10]

개별 사용자마다 시계열로 무엇을 했는지가 나열되어 있는 모멘트 데이터는 핑안 보험의 타임 라인과 같은 것입니다. 시계열로 행동이 가시화되면 사용자가 처한 상황이나 문맥을 이미지 및 유추할 수 있게 되므로 인과 관계를 쉽게 알 수 있습니다. 이렇게 되면 일반 직원이라도 분석이나 기획을 실행하기 쉬워지는 것입니다.

이는 어떻게 보면 디지털에서도 정성적(定性的)인 조사, 분석이 가능해졌음을 알 수 있지만, 한 걸음 더 나아가면 '한 사람 한 사람의 사용자를 본다.'만으로는 아직 입자 크기가 거칠고, 체험을 기획하기에 활용하기 어려운 것을 의미하고 있습니다. 한 사람 한 사람의 사용자에게 주목하는 것이 잘못된 것은 아니지만, 거기서부터 한층 더 입자 크기를 곱게 하여 모멘트에 주목해야 합니다. 상황 지향 시대 및 행동 데이터×체험 시대에 있어서 분석이나 기획을 할 때는 개개인의 사람보다 더 세밀한 모멘트 단위로 살펴볼 필요가 있으며, 이러한 분석을 모멘트 분석이라고 부릅니다.

모멘트란 사람들에게 특정 상황이 발생하여 거기에서 파생한 행동이 끝날 때까지의 일을 가리킵니다. 구글이 제창하는 마이크로 모멘트 보다 조금 시간이 긴 개념입니다. 예를 들어, '집 냉장고에 우유가 다 떨어져서 채워야 한다.'라는 상황이 발생하면 '어디서 살까 생각하여 동네 편의점에라도 갈까?'하는 것부터 그 구매가 끝날 때까지'를 하나의 모멘트로 정하고 있습니다. 개별 모멘트, 즉 예로 든 우유의 사례나 아기가 울어서 곤란해 하는 사례는 여러 사람에게 공통적으로 발생합니다. 공통되는 모멘트에 주목하면 사용자가 곤란해 하는 모멘트를 찾아낸 경우 '얼마나 그 모멘트가 많이 발생하고 있는가?'라는 모멘트의 볼륨에 따라 우선 순위를 매길 수 있으며, 이것은 상황 지향화하는 비즈니스에서 전해 드린 사람이 아닌 상황 기반으로 시장 규모를 보는 것을 세밀한 레벨에서 실시하고 있다고 말할 수 있습니다. 행동 데이터가 대량으로 나오면 당연히 AI로 해석할 필요가 생깁니다. 이 때에 AI가 추출해야 할 것은 특징적인 모멘트나 체험의 불화(不和)가 있는 공통 모멘트가 될 것입니다. AI가 고속으로 추출한 문제나 특징을 기반으로 사람이 기획 입안해서 고속으로 UX 그로스 해킹을 돌릴 수 있게 됩니다.

한편, 집계 데이터의 분석도 한 사람 한 사람에 대한 1 to 1 개별 마케팅도 여전히 필요하다는 점을 다시 한번 강조합니다. 특히, 대량 데이터를 취급하여 AI로 처리할 수 있게 된 현재는 개개인의 개별 최적 자동화는 중요합니다. 이것이 가능하기 때문에 허마센싱처럼 3km권 내에 있는 모든 고객의 취향에 따라 추천을 하고, 앱 화면을 바꾸고, 굿 닥터 앱처럼 그 사람에게 맞는 최적의 타이밍에 최적의 의사소통을 취할 수 있는 것입니다.

다만, 이것은 어디까지나 서비스 운용이나 비즈니스 모델의 이야기입니다. 그것과는 별도로 새로운 비즈니스를 만들어서 새로운 개선을 시도하려면 모멘트에 주목하여 자연스럽지 않은 행동이나 흔한 행동 패턴에서 사람이 발상해 나가는 것이 필요하다고 생각합니다. 사람들이 놓여진 상황에 생각을 모아서 기획하는 것은 여전히 사람이 담당하는 큰 역할일 것입니다.

UX 이노베이션이란

기존 접점의 개선을 실시해 나가는 UX 그로스 해킹에 대해 디지털을 활용한 새로운 고객 접점을 만드는 UX 이노베이션은 하루 아침에 이룰 수 없는 실현 난이도가 높은 개념입니다. 잡(Job) 이론에서 설명한 밀크셰이크는 상품 개발 이야기였는데 이 방법을 저니형 비즈니스에 적용하는 형태가 됩니다. 비즈니스 플랜이나 새로운 서비스에서 빈번하게 발생하는 일 중 실망스러운 것은 '비즈니스 관점만을 생각하여 사용자 메리트가 고려돼 있지 않다.'라는 것입니다. 무현금 거래도 마찬가지입니다. 기업이 데이터를 원하는 것은 이해가 되는데, 사람들에게 새로운 서비스를 사용하게 하기 위해 어떻게 번거로움을 해소해 주는지를 진지하게 생각하지 않는 경우를 자주 봅니다.

여기에서 텐센트가 당시 어떻게 위챗페이를 퍼뜨렸는지를 예로 들겠습니다. 텐센트는 최초 모바일로 결제할 수 있는 것 자체의 재미를 느낄 수 있는 테크기크(과학 기술을 광적으로 좋아하는 사람들)를 중심으로 넓혀 갔습니다. 일정한 테크기크 사람들이 사용할 수 있게 된 단계에서 좀 더 널리 일반인이 사용할 수 있도록 테크기크를 발신원으로 하여 홍바오(紅包, 세뱃돈)를 나눠줄 수 있도록 장치를 만들었습니다. 위챗 그룹(LINE과 동일하고, 문자를 주고받을 수 있는 그룹)에 선착순 3명이 100위안을 받는 세뱃돈과 같은 기능을 제공하여 이런 재미로 여러 사람이 놀이하듯이 위챗페이를 사용하게 되었습니다. 어느 정도 사용하면 자연스럽게 위챗 안에 돈이 쌓이는 상태가 됩니다. 소통할 때 늘 쓰는 앱에 돈이 들어 있다면 써보려고 하거나 은행 계좌와 연결해서 은행에 입금하게 되었습니다. 이렇게 위챗페이는 널리 퍼지게 된 것입니다.

특정 타깃을 진원지로 삼아 그들이 즐거워할 만한 체험을 제공하고, 거기에서 일반인들로 넓혀 간다고 하는 텐센트의 수법은 원래 게임 회사인 이 회사의 독특함이 빛납니다. 여기에서 강조하는 것은 '특정 상황에 처한 사람들이 빠져들거나 편리하다고 느끼거나 이득을 보는 핵심 체험을 제공하여 이용 장벽을 뛰어넘는다.'라는 이들의 생각입니다. '디지털을 활용한 접점을 만든다.'라는 것은 결과이며, UX 이노베이션의 본질은 사람들이 계속 그 새로운 접점을 사용해 줄지 않을지에 있습니다. 즉, '고객이 처한 상황의 발견과 그것을 보다 행복하게 하는 코어 체험을 어떻게 만들까?'에 있습니다. 이러한 코어 체험을 만들어 내는 것은 난이도가 높은 장인 솜씨입니다만, 몇 가지 요점을 들라면 다음과 같은 포인트를 들 수 있습니다.

- **체험의 연속성**
- **행동 관찰**
- **디자인 싱킹(생각)**

체험의 연속성이란 사업 도메인 선정과 의미가 거의 같습니다. 새로운 고객 접점을 만드는 경우, 다른 접점과의 연속성이 없으면 고객은 사용하지 않습니다. 자동차 제조사가 갑자기 술을 만들기 시작한다면 고객 눈에는 미친 짓으로 보일 것입니다. 참고가 되는 것은 핑안 굿 닥터 앱입니다. 문진과 병원 예약이라는 핵심 체험을 축으로 건강 정보 제공, 의약품 및 건강 식품 판매, 걸으면 받을 수 있는 포인트에 의한 건강 습관과 같은 체험끼리 인접하고 있는 영역을 연결해야 사용자들이 이용해 주는 것입니다.

행동 관찰은 밀크셰이크 사례에서 설명한 바와 같이 고객의 행동을 관찰하여 발견점을 얻는 것인데 동시에 '사람 말을 신용해서는 안 된다.'라는 것을 의미하기도 합니다. 사람은 거짓말을 할 생각이 없어도 자기의 욕구나 정말 하고 싶은 일, 원하는 물건 등을 늘 말로 한다고도 할 수 없고, 신경을 쓰거나 눈치를 보느라 진심을 이야기해 주지 않는 일도 종종 있습니다. 이러한 속인적인 문제를 빼고 생각하려면 사람의 행동을 직접 관찰하고 거기에서 발견점을 얻는 방법이 가장 유용합니다. 이것은 모멘트를 보는 것과 의미가 거의 같지만, 특히 UX 이노베이션에서는 새로운 상황을 발견할 필요가 있으므로 디지털 내부에서가 아닌 거리에 나가거나 현장에 나가거나 해서 관찰하는 방법이 계속 중시되고 있습니다.

끝으로 디자인 싱킹을 살펴보겠습니다. 디자인 싱킹 자체는 넓은 개념이지만 여기에서는 주로 프로토 타입을 사용한 시행 착오를 의미하고 있습니다. 사람은 자신의 요구를 올바르게 말할 수 없지만 눈앞에 상품이나 앱을 내밀어서 그것을 사용해 본 다음에 '이런 것이 있으면 어떨 것 같습니까?'라고 물으면 보다 사실적이고 올바른 피드백을 얻을 수 있습니다. 떠오른 아이디어는 간단하게라도 가능한 한 빨리 구현하여 대상 사용자에게 상정되는 상황에서 이용하도록 하는 것입니다. 그러면 서비스와 상품이 계속 사용할 만한 것인지 여부를 알 수 있습니다.

4-4
이어지는 세계에서 일본인의 잠재력

 애프터 디지털형으로 세상이 바뀌면서 비즈니스도 OMO로 바뀝니다. 고객에게 제공하는 체험이 좋아지고, 행동 데이터를 취득하고, 다시 접점으로 되돌리는 루프가 돌고, 체험의 경쟁 사회가 됩니다. 체험형 경쟁 사회에서는 체험×행동 데이터의 변혁을 실시하는 것이 중요하므로 이를 실시하기 위한 비즈니스 모델로서 OMO형 밸류 저니의 비즈니스로 바꿀 필요가 있습니다. 일본에서 이런 활동의 핵심은 '그로스 팀에 의한 UX 그로스 해킹과 UX 이노베이션을 실시하는 상향식 접근이다.'라는 것이 저희들의 주장입니다.

 중국을 중심으로 세계에서 일어나고 있는 일들을 바탕으로 미래에 일본인이 생각해야 할 일이 무엇인지를 전해드렸습니다. 일본이 너무 뒤쳐져 있어서 따라잡기에는 장애물이 너무 높다고 느끼는 분이 계실지도 모르지만, **일본 기업은 입각점이 다릅니다. 즉, 비포 디지털로 생각해 버리기 쉬울 뿐이고, 매우 높은 잠재력을 가지고 있다고** 생각하고 있으며, 지금까지 해 온 것이 헛일은 아니라고 생각합니다.

 OMO를 실천하려면 디지털 기술과 사람이나 장소라고 하는 리얼 접점의 융합을 생각할 필요가 있습니다. 중국이 잘하는 체험은 디지털 서비스의 편리성 및 인센티브, 즉 편의와 이득에 집중되어 있고, 접점 빈도를 중시하고 있기 때문이라고 생각됩니다. 사람이 14억 명이나 되기 때문에 가능한 한 저변에 퍼질

것을 생각하고 있어서 그 결과 알기 쉽고 편리하며 이득이 되는 쪽으로 모두가 따라가는 것입니다.

한편으로 일본이 자신있는 '체험'은 사람에 의한 개별 대응입니다. 이것은 커스터머 석세스(Customer Success)에서의 하이 터치를 가리키지만, 하이 터치는 모처럼 사람이 개별 대응할 수 있는 접점이므로 신뢰와 감동이 필요합니다. 배려한다, 아깝다, 모처럼의 기회라는 영어로 번역하기 어려운 일본스러운 말이 보여주듯이 대면에서의 배려 품질은 아무리 생각해도 일본이 높다고 생각합니다.

확대된 테크 터치는 고객 입장에서 최적의 타이밍, 콘텐츠, 커뮤니케이션을 파악할 수 있게 되었고, 최적인 타이밍에 접점을 가질 수 있는 그 즉시성은 매우 높은 가치를 산출합니다. 이것으로 단숨에 발전한 곳은 중국이지만, 만약 **그것을 통하여 얻어진 최적 타이밍에 사용자에 대해서 일본다운 사람의 극진한 개별 대응이나 배려를 보완할 수 있다면 우리는 세계 최고의 좋은 체험을 제공할 수 있게 될 것입니다.**

이것을 실현할 때 가장 중요한 것은 시점을 애프터 디지털 관점으로 전환하는 것입니다. 그렇기 때문에 이 책의 제목을 애프터 디지털로 정했습니다. 일본에서도 애프터 디지털이나 OMO라는 말이 당연해지는 날이 빨리 오기를 간절히 바라고 있습니다.

| 꼬리말 |

디지털은 사람의 좋은 점을 이끌어내고, 꾸준히 인정받는 사회를 위하여 노력한다

오바라 카즈히로입니다. 이 책을 읽어주셔서 감사합니다.

본문을 건너뛰고 뒷말을 읽으시는 분, 처음 뵙겠습니다(저도 그런 타입입니다. 이 책은 어쨌든 변화의 조짐을 풀어낼 힌트를 가득 담고 있기 때문에 훌훌 책장을 넘기면서 궁금한 부분이 몇 개만이라도 발견된다면 구매해서 읽어 보실 만한 책이라고 생각합니다).

이 책을 통하여 디지털 트랜스포메이션, 무현금 혁명, AI, 데이터가 석유가 되는 시대와 같은 말에 '어떻게 되는거야?'라는 불안이 아니라, '이렇게 하고 싶다.'라는 희망을 가져 주셨으면 합니다.

What이 아니라 Why와 How를

제 소개를 조금만 하겠습니다. 저는 구글, 리크루트, 라쿠텐과 같은 플랫폼 제공자에서 신규 사업이나 사업 개발을 역임해 왔습니다. '기술은 웃음을 늘리고 자기 실현을 가속화시킨다.'라고 믿고, 그 한끝이 됐으면 하면서 지금도 여러 기업에 도움을 드리고 있습니다.

- 구글은 원하는 정보를 어디서나 간단하게 입수할 수 있게 됨으로써

- 리크루트는 인생에서 아직 보지 못한 선택지를 제공할 수 있도록
- 라쿠텐 시장은 지방의 매력있는 식품 및 상품을 이야기와 세트로 전 세계에 각자 매진하고 있는 그들의 Why가 너무 좋아서 함께 했습니다.

지금 세상은 AI의 발달과 함께 금융 자본주의에서 데이터 자본주의로 바뀌었고, 데이터를 장악하는 회사 - GAFA, 알리바바, 텐센트 등이 시가 총액 상위를 독점하고 있습니다. 이러한 데이터 자본주의가 인터넷뿐만 아니라 실제도 장악하는 시대에 들어오고 있고, 그 때문에 '데이터를 독점한 기업에 지배당하는 것이 아닌가?', '지배당하기 전에 우리도 플랫폼 제공자가 되어야 한다.', '디지털 트랜스포메이션을 해야 한다.'라고 하는 공포감 때문에 플랫폼 제공자, 디지털 트랜스포메이션이라는 2개의 명사(名詞)가 곳곳에서 춤을 추는 것처럼 느껴집니다.

한편, 지금 일어나고 있는 인터넷을 전제로 한 실제의 변화와 OMO의 첨단 기업을 비비트사의 안내로 중국, 에스토니아, 실리콘 밸리 등을 중심으로 자세히 살펴본 결과 보이기 시작한 것이 있습니다. 그것은 기업만이 아니라, 또 사람의 행동뿐만이 아니라, 나라의 존재 방식마저도 바꾸려는 생각을 가지고 실천하고 있으며, (중국이 최근 몇 년 사이에 예의 바르게 됐다는 것은 이제 많이 듣는 이야기네요.) 그 이면의 경영에서는 유럽과 미국에서 말하고 있던 원리를 여러 가지 업데이트하면서 날마다 (정말로 날마다) 진화해 가고 있습니다.

'변화하는 시대에 지도는 쓸모없고, 필요한 것은 컴퍼스(나침반)이다'
그것은 MIT 미디어랩의 소장 이토 죠이치(伊藤穰一)씨의 말씀입니다.

디지털은 실제를 모두 덮어쓰고 있습니다.

기술은 상상을 초월해 날마다 진화합니다.

그 시대에 중요한 것은 나침반으로서 '우리들은 어느 방향을 향하고 싶은 것인가?'라고 하는 Why와 나날의 진화와 기본적인 공통점을 가지는 원리 How입니다.

가치 = 다름 × 이해(보이지 않는 미래를 즐기기 위하여)

그렇기는 하지만 지도 없이 모험하는 일은 불안으로 가득합니다. 그때 중요한 것은

「가치」=「다름」×「이해」

라는 공식입니다. 이것은 액티브 러닝의 하네(羽根)씨가 가르쳐 주신 것입니다만, 같은 것만 나열돼 있으면 사람은 어느 것 하나에도 가치를 느끼지 못하겠죠. 달라야만 가치를 느끼는 겁니다. 하지만 그 차이가 너무 커서 이해를 넘어버리면 가치가 전해지기는 커녕, 불안감과 두려움이 생기고, 부정적인 가치를 느껴서 감정을 닫아버리기 십상입니다.

지금 중국, 에스토니아 등에서 일어나고 있는 일은 이해를 초월할 정도의 변화입니다. 중국은 공산권이라서, 에스토니아는 작은 나라이니까, 하면서 쉽게 눈 가리고 피하려고 하지만 이 책을 계기로 이해를 늘리는 원리를 몸에 익힘으로써 차이를 가치로 바꾸고, 지도 없는 모험을 함께 즐겨 갈 수 있다면 좋겠습니다.

애프터 디지털의 원리는 데이터의 거인과 사귀기 위해서라도

　Why나 원리를 학습함으로써 이해의 폭을 넓히는 것은 자신의 디지털 트랜스포메이션을 진행하는 모험 여행을 위한 것뿐만이 아니라, GAFA나 향후 고개를 들 데이터의 거인과 사귀어 가기 위해서도 매우 중요한 일입니다. 지금 일어나고 있는 변화는 너무 크기 때문에 겁이 나서 모처럼의 진화를 멈추는 브레이크를 밟아 버릴 수도 있습니다. 물론 데이터 자본주의의 대두는 제3장에서 기술한 바와 같이 부작용을 일으킵니다.

　그래서 중요한 것은 그들의 원리를 이해하는 것이며, 모든 것을 멈추는 것이 아니라 함께 조율해 나가는 것입니다. 또한 API로 모든 것이 연결되는 시대에는 거인을 이해함으로써 진화에 앞질러 가서 당신만이 가능한 새로운 자리를 만들 수 있을지도 모릅니다. 앞으로 잠에서 깨어날 데이터 자본주의의 거인들은 적이 아니라 공입공존(共立共存)하는 친구로서 즐길 수 있으면 좋겠습니다.

탐구의 모험은 계속됩니다

변화가 전제인 시대에는 잇따라 새로운 원리가 나타납니다. 실제로 이 책을 집필하는 도중에도 '그거 더하고 싶네.', '이걸 더하고 싶네.'라며 멈추지 못해서 편집자를 곤란하게 만든 정도입니다.

머리말에 있듯이 이 책은 비비트의 후지이씨와의 공저입니다(라고 하기보다, 후지이씨는 중국에서 변화의 최전선 기업과 업데이트를 계속하고 있으므로 이 책의 재료는 거의 후지이씨에 의한 것입니다).

이 책이 계기가 되거나 애프터 디지털을 향한 모험을 계속하는 힌트가 되거나 하면 기쁘겠습니다. 비비트사의 블로그(https://trillionsmiles.com/)에서 대담이나 인터뷰를 받아가시고, 온라인 강의(https://camp-fire.jp/projects/view/67985)도 업데이트 받아 가시면 감사하겠습니다. 이러한 내용은 오바라(@kazobara)나 후지이(@numerofujii)의 트위터에서 공지하고 있으므로 팔로우 해 주시면 좋겠습니다. 또 이 책의 감상을 'アフタ　デジタル'(애프터 디지털)로 투고해 주시면 모두 읽겠사오니 그곳으로부터의 공감 반응도 기대하고 있겠습니다.

마지막으로

이 책을 집필하는데 있어서 정말로 많은 분들에게 도움을 받았습니다. 담당 편집자인 마츠야마 타카유키(松山貴之)씨는 계속 늦게 업데이트 되는 원고를 기다리면서 도와주셨습니다.

라이터인 스즈키 토우코(鈴木沓子)씨는 이 난해한 내용을 거침없이 그리고 끝도없이 계속 말하는 오바라와 후지이를 어떻게든 따라와 주셔서 책으로서의 형태를 갖추게 되었습니다.

타무라 코타로(田村耕太郎) 선생님은 아시아의 중국 지정학, 최전선의 선생님을 소개해 주셔서 감사드립니다. 타무라 선생님의 고견 없이는 이 책의 깊이를 이해하지 못했을 것입니다.

코야마 쿤도(小山薫堂)씨는 감기의 고열에도 불구하고 중국 T사에서의 훌륭한 강연으로 그들의 인상 깊은 인사이트를 끌어낼 수 있어서 이 책에서 큰 기둥의 하나가 되었습니다.

네, 끝까지 함께 해주셔서 감사합니다. 앞으로도 디지털이 사람의 좋은 점을 이끌어 내어 꾸준함이 인정받는 사회가 되어 가기 위한 모험을 여러분과 함께 할 수 있으면 좋겠습니다.

2019년 1월 공동 저자를 대표하여